Business Entropie

Über die Entstehung von Ordnung bei
Lebewesen und Organisationen

Dr. Clemens Dachs

29.11.23

Impressum

Bibliografische Information der Deutschen Nationalbibliothek: Die Deutsche Nationalbibliothek verzeichnet diese Publikation in der Deutschen Nationalbibliografie; detaillierte bibliografische Daten sind im Internet über http://dnb.dnb.de abrufbar.

© 2023 Dr. Clemens Dachs

Herstellung und Verlag: BoD – Books on Demand, Norderstedt

ISBN: 9783758319297

Vorwort

Liebe Leserin, lieber Leser,

In den letzten Jahren habe ich daran gearbeitet zu zeigen, dass Organisationen eine ähnliche Systemdynamik und -architektur wie Lebewesen besitzen. Viele Erfolgsrezepte der Natur kann man elegant übertragen. All das gibt es schon als Fachbuch oder in unterhaltsamer Romanform zu lesen.

Jetzt ist es aber auch so, dass man die Biologie nur dann tiefer versteht, wenn man darunter auch die Chemie und die Physik verstanden hat. Die Gesetze der Physik und Chemie gelten sowohl für die belebte als auch für die unbelebte Natur. Einerseits muss jedes biologische Prinzip darauf aufbauen und daraus erklärbar sein. Andererseits erkennt man erst im Vergleich mit der unbelebten Natur, was das Besondere an einem Lebewesen ist. Erst dann kann man verstehen, wie sich Leben aus der unlebendigen Welt erheben kann, obwohl es doch denselben Regeln folgt.

Der Fall liegt also klar: Wenn wir ein starkes Fundament für die Theorie der bionischen Organisation haben wollen, müssen wir die Physik und die Chemie übersetzen. Dabei entstehen dann Grundsätze, die sowohl für lebendige als auch für nicht-lebendige Organisationen gelten müssen.

Das Buch enthält einen ersten roten Faden quer durch die Physik, angefangen von Galilei über Newton, Boyle bis zu Boltzmann und weiter zur Chemie.

Es gibt sicher noch viele offene Fragen. Ich hoffe aber, dass ich im ersten Entwurf schon zeigen kann, dass hier eine tiefere Erkenntnis liegt, und dass die Parallelen zwischen Physik und Business nicht zufällig sein können.

Natürlich entsteht so ein Buch nicht von allein. Daher möchte ich den vielen Menschen danken, die an mich geglaubt und mich beim Schreiben unterstützt haben.

Ein besonderer Dank gilt zuallererst meiner Familie, die mich nun seit 8 Jahren beim Forschen und Schreiben unterstützt hat.

Ich möchte auch ganz besonders den Testlesern danken, die sich durch die frühen Versionen meiner Ideen gequält haben. Ohne Euer Feedback hätte ich den heutigen Stand nicht erreicht.

Agnes Baumgärtner, Conny Dethloff, Michael Frahm, Martin Heider, Moritz Hornung, Wolfram Müller, Dennis Willkomm

Daneben gibt es noch viele weitere Unterstützer, die mich bei der Entwicklung und Veröffentlichung der Ideen begleitet und inspiriert haben. Leider kann ich hier nur einige wenige kurz namentlich erwähnen und Ihnen danken:

Katharina Beumelburg, Christoph Fuchs, Matthias Hümmer, Hermann Kirchberger, Jürgen Kirsch, Stephan Klein, Mark Lambertz, Mona Maidorn, Martin Pfiffner, Carola Roll, Eberhard Schlücker, Simon Teeuwsen, Englbert Westermeier.

Viel Spaß beim Lesen,

Clemens Dachs

Widmung

Für Cornelia, Felix, Regina und Valentin

Inhalt

1 Einleitung

„Organisationen machen einfach Business as usual, wenn keine Kraft auf sie einwirkt."

„Organisationen sind träge. Bei großen Organisationen braucht man viel mehr Kraft, um etwas zu verändern, als bei kleinen Organisationen"

„Man hat das Gefühl, an der Trägheit der Organisation abzuprallen, wenn man etwas verändern will."

„Es gibt viele Kräfte, die gleichzeitig an der Organisation zerren, und ihren Kurs beeinflussen."

Kennen Sie das? Na klar! Das gibt es in jedem Unternehmen. Hmmm! Natürlich haben Sie es gleich durchschaut. Das hört sich irgendwie nach den Newton'schen Axiomen an. Richtig! Genauso ist es. Trägheitsgesetz, Bewegungsgesetz, Wechselwirkungsgesetz und der Überlagerungssatz.

Jeder Körper bewegt sich geradlinig, wenn keine Kräfte auf ihn wirken. Die Kraft ist proportional zur Beschleunigung, wobei die träge Masse der Proportionalitätsfaktor ist. Kraft ist gleich Gegenkraft. Kräfte überlagern sich.

Das wusste Newton. Und sie kennen das bereits aus Physik und vermutlich aus ihrem Unternehmen.

Sie werden sich jetzt fragen, „Warum soll man denn die Prinzipien der Physik und Chemie in die Welt der Organisationen übersetzen? Was habe ich davon?"

Der Grund liegt darin, dass Organisationen lebendige Systeme sind. Natürlich kann man sich auch an bekannten Methoden anderer Unternehmen orientieren. Beim Wachstum sind Lebewesen den Organisationen weit überlegen. Eine Bakterie verdoppelt sich alle 30 Minuten, 100 Billionen Zellen arbeiten im menschlichen Körper zusammen, ganz ohne Chefzelle. In den Büchern Viable Project Business, Zellkultur und Autopoiesis ist das schon detailliert beschrieben. Man kann sehr viele Prinzipien der Biologie auf

Organisationen übertragen. Und die Biologie basiert nun einmal auf Chemie und Physik. Das vorliegende Buch übersetzt diese Grundlagen.

Auf der Reise werden wir dann die Analogien zu wichtigen Begriffen kennenlernen. Was ist Masse, Impuls, Energie, innere Energie, Temperatur, und – der schillerndste Begriff von allen - die Entropie?

Gehen wir noch einmal zurück zur Biologie. Die Zelle ist unser Vorbild und wir wollen genau verstehen, durch welche Systemdynamik sie die hohen Wachstumsraten erzielen kann. Sehen wir uns einmal zwei der Prinzipien an, die in den anderen Büchern schon ausführlich beschrieben wurden.

In der Zelle ist jede chemische Reaktion durch Enzyme beschleunigt. Diese Enzyme gibt es nicht zufällig, sondern weil die Zelle sie selbst baut. Dies ist eine zentrale Rückkopplungsschleife: die Autokatalyse. Ein lebendiges System baut Katalysatoren, um jeden einzelnen Prozess zu beschleunigen. In einer Organisation entspricht das den besten Arbeitsbedingungen für alle Prozesse. Aber wie oft hat man die schon. Selten. Deshalb kann man in den Biologiebüchern nachsehen, wie es eine einfache Bakterie schafft, dass jede einzelne chemische Reaktion so stark beschleunigt ist.

Ein anderer Mechanismus von Zellen basiert auf der Konzentration. Zellen pumpen Nährstoffe hinein und Abfall hinaus, so dass sie immer die höchste Konzentration haben. Auch in einer Organisation muss man versuchen, die höchste Konzentration von Erfolgsfaktoren herzustellen. Viele agile Methoden versuchen die Konzentration zu erhöhen. Auch da stellt man fest, dass alles auf einer ausgefeilten Systemdynamik und -architektur beruht.

Natürlich gibt es da noch viel mehr zu übertragen. Lassen Sie uns aber mal bei den beiden Beispielen bleiben. Beide Mechanismen der Biologie basieren auf Eigenschaften der Chemie und diese wieder auf der Physik.

Die Katalyse, mit der die Zelle arbeitet, ist ein chemisches Phänomen. Durch Katalysatoren wird die benötigte freie Energie einer Reaktion herabgesetzt. Aber was ist denn freie Energie? Was ist Energie in diesem Zusammenhang? Und was sind Konzentrationsgradienten und Diffusion? Wie schafft es ein System, die Konzentration zu erhöhen?

Die Frage zu beiden Phänomenen lautet: Warum schafft eine Zelle es überhaupt, Ordnung zu schaffen, obwohl doch alle Moleküle machen, was sie wollen. Moleküle wissen doch nicht, dass sie sich in einer Zelle befinden und eine Aufgabe haben. Das hat uns doch gerade erst Newton erklärt, dass so ein Teilchen nur den Naturgesetzen gehorcht. Wie kann also es so etwas Komplexes wie Leben geben?

Genau das ist auch in Organisationen die Frage: Wenn hier in unserer Firma jeder macht, was er will, warum kann die Firma dann wachsen?

All diese Fragen soll das Buch beantworten.

Vielleich fragen Sie sich: „Warum kann man das denn überhaupt übersetzen? Das wird sicher eine nette Metapher, aber wie gültig ist das alles."

Und sie haben absolut recht, kritisch zu sein. Wir haben aber einen mächtigen Verbündeten auf unserer Reise: Die Mathematik! Viele Erkenntnisse aus der Physik sind mathematische Schlussfolgerungen aus den Newton'schen Axiomen. Beispielsweise folgt der Energieerhaltungssatz direkt aus dem Newton'schen Bewegungsgesetz $F = m \cdot a$, und zwar aus rein mathematischen Gründen. Wer ja zu Newton sagt, muss auch ja zur Energieerhaltung sagen. Wer ja zur kinetischen Energie sagt, muss auch ja zur inneren Energie sagen. Die Entropie ist ohnehin ein rein mathematisches Konzept. Dieser mathematischen Spur folgen wir quer durch die Physik.

Bei aller Begeisterung für das Thema, muss ich dennoch nochmal auf ihre Frage eingehen: Wie stabil ist das alles? Es ist so gut, wie ich es in der ersten Version zu schreiben vermochte. Es gibt sicher sehr viele offene Fragen und Zweifel. Wenn Sie also weitere Fragen haben, oder sogar Ideen für die Lösung der Probleme haben, würde ich mich sehr auf das Feedback freuen. Dann wird die nächste Auflage mit ihrer Hilfe deutlich stärker werden.

Viel Spaß beim Durchlesen und Gewinnen neuer Einsichten.

Und schon geht es los …

2 Ort und Geschwindigkeit

Dem Physiker Lord Kelvin wird die Aussage zugeschrieben: „Was man nicht messen kann, kann man nicht verbessern." Dies gilt nicht nur für die Physik, sondern auch für Organisationen. Edward Deming, der Vater des Qualitätsmanagements, übertrug die Idee auch auf das Management. Er prägte auch den Spruch „In God we trust, all other bring data".

Warum sind Zahlen, Daten, Fakten so wichtig? Sie liefern eine gute Grundlage für Entscheidungen. Natürlich kann man manche wichtigen Faktoren nicht messen. Dennoch sind Entscheidungen oft besser, wenn sie in Kenntnis von Fakten getroffen werden.

Stellen Sie sich vor, sie wollen bei Organisationen Veränderungen erzielen. Sie erstellen neue Werkzeuge, arbeiten an der Produktmodularisierung und ändern Prozesse. All das hat einen Zweck: Die Organisation soll hinterher erfolgreicher sein als vorher. Aber wie können Sie beurteilen, ob Sie das Ziel erreicht haben? Dazu müssen Sie wissen, wo die Organisation gestern stand, wo sie heute steht, und wo sie hinwill.

Genau das ist die Aufgabe von Kennzahlen. Kennzahlen versuchen in Zahlen auszudrücken, wo die Organisation steht. Verbesserung an den Prozessen sollten zu einer Verbesserung der Kennzahlen führen. Die Veränderung der Produkte und Prozesse ist eine Ursache, die als messbare Wirkung die Kennzahlenverbesserung zur Folge hat.

Genau diesen Zusammenhang zwischen Ursache und Wirkung findet man auch in der klassischen Mechanik von Galilei und Newton.

2.1 Der Ort und die Geschwindigkeit in der Physik

Fangen wir also ganz vorne an beim Beginn der modernen Naturwissenschaften – bei der klassischen Mechanik.

In der **Kinematik** wird erklärt, was Beschleunigung im Raum ist. Dazu untersucht sie Zeit, Ort, Geschwindigkeit, Richtung und Beschleunigung im dreidimensionalen Raum. All das basiert stark auf der Geometrie des Raumes.

Die **Dynamik** untersucht die unterschiedlichen Arten von Kräften, welche auf Punktmassen wirken, und diese beschleunigen. Durch die Newton'schen Axiome wird eine Verbindung zwischen der Kraft als Ursache und der Beschleunigung als Wirkung hergestellt.

Mit Hilfe der Kinematik und Dynamik kann man also die Bewegung von Teilchen bei Vorhandensein von Kräften vorhersagen. Durch die Bewegung der Teilchen werden die verursachenden Kräfte erst beobachtbar.

Das Besondere an der klassischen Mechanik ist ihre strenge Mathematisierung. Es werden nur sehr wenige physikalische Beobachtungen als Axiome vorausgesetzt, alles andere wird dann streng mathematisch hergeleitet. Wenn diese Axiome wahr sind, müssen auch die Schlussfolgerungen stimmen.

Dies hilft auch bei der Übertragung der Begriffe in die Welt der Organisationen. Wenn es eine plausible Übersetzung von Raum und Zeit gibt, dann können abgeleitete Größen wie Abstand, Geschwindigkeit und Beschleunigung rein mathematisch übersetzt werden. Sie sind dann zwangsweise ebenfalls gültig. Genau das ist die Stärke der axiomatischen Methode der Mathematik. Sie geht von Axiomen aus, die als wahr angenommen, aber nicht bewiesen werden können. Alle Schlussfolgerungen ergeben sich dann rein aus der Logik der Mathematik.

Sehen wird uns die Kinematik einmal genauer an.

Raum und Zeit

Raum und Zeit sind wohl die grundlegendsten Begriffe der gesamten Physik. Alle anderen Begriffe wie Kraft und Energie bauen später darauf auf. Die klassische Mechanik verwendet den nicht-gekrümmten drei-dimensionalen euklidischen Raum, in dem es eine einheitliche Zeit gibt. Heute weiß man, dass dies nur eine Vereinfachung ist, die bei großen Geschwindigkeiten,

13

Massen oder auch im Allerkleinsten nicht zutrifft. Für unsere Zwecke ist es aber ein guter Startpunkt.

Was ist nun ein Ort im Raum? Man kann sagen, dass sich ein Teilchen A zu einem Zeitpunkt t_1 an den Ortskoordinaten (x, y, z) befindet. Diese Ortskoordinaten sind Eigenschaften des Teilchens A zu einem bestimmten Zeitpunkt.

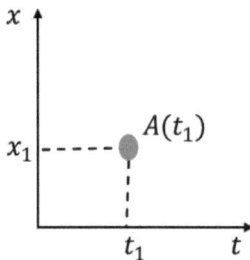

Abbildung 1: Ein Objekt A besitzt zum Zeitpunkt t1 die x-Ortskoordinate x1.

Es gibt hier eine Besonderheit: Wenn das Teilchen AB aus mehreren Unterteilchen A und B besteht, dann hat das zusammengesetzte Teilchen AB denselben Ort wie die Unterteilchen A und B (genauer gesagt: es befindet sich im Schwerpunkt des Systems). Aus diesem Grund befindet sich ein Atom auch an der Stelle, an der sich der Kern und die Elektronen befinden, und ein Molekül befindet sich dort, wo die einzelnen Atome sind.

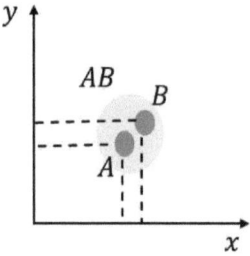

Abbildung 2: Das zusammengesetzte Objekt AB besteht aus den Teilen A und B, welche jeweils eine x- und y-Koordinate haben. Der Ort von AB entspricht dem Schwerpunkt der Orte von A und B.

14

Auf das Konzept des Schwerpunkts zusammengesetzter Objekte werden wir später noch genauer eingehen.

Geschwindigkeit

Vom Ortsbegriff kommt man leicht zum Begriff der Geschwindigkeit. Die Geschwindigkeit v beschreibt, welche Entfernung ein Teilchen in einer bestimmten Zeitspanne zurücklegt.

Die **Durchschnittsgeschwindigkeit** ist dabei der Quotient aus Ortsdifferenz und Zeitdifferenz, also $v = \frac{\Delta x}{\Delta t} = (x_2 - x_1)/(t_2 - t_1)$.

Verkürzt man die Zeitspanne immer mehr bis hin zum Grenzfall $dt = 0$ erhält man die **Momentangeschwindigkeit**. Es gilt $v = ds / dt$, es wird also die erste Ableitung gebildet. Genau wie der Ort ist die Geschwindigkeit ein Vektor und hat somit eine Richtung und einen Betrag.

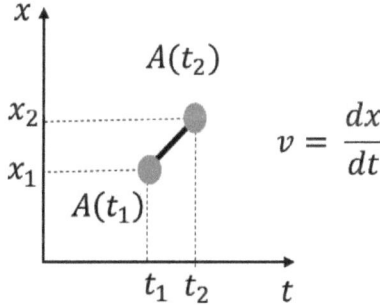

Abbildung 3: Ein Objekt A besitzt zum Zeitpunkt t1 die Ortskoordinate x1, und zum Zeitpunkt t2 die Ortskoordinate x2. Die Geschwindigkeit ist die Entfernung im Raum geteilt durch die benötigte Zeitdauer.

Beschleunigung

Die Beschleunigung ist definiert als zeitliche Änderung der Geschwindigkeit, also $a = dv/dt$. Dabei kann sich sowohl der Betrag als auch die Richtung der Geschwindigkeit verändern.

Im einfachen Fall der Beschleunigung $a = 0$, spricht man von einer geradlinigen, gleichförmigen Bewegung. **Geradlinig** bedeutet dabei, dass die Richtung nicht verändert wird. **Gleichförmig** bedeutet, dass der Betrag der Geschwindigkeit nicht verändert wird.

Eine der großen Leistungen von Galileo Galilei war es, den Unterschied von Geschwindigkeit und Beschleunigung klar herauszuarbeiten. Im Alltag findet man keine geradlinigen, gleichförmigen Bewegungen, weil immer verschiedenste Kräfte wie Gravitation und Reibung die Geschwindigkeiten verändern. Aber erst durch das Formulieren der konstanten Geschwindigkeit als Bezugspunkt konnten die Beschleunigung und die Kräfte dann genauer untersucht werden.

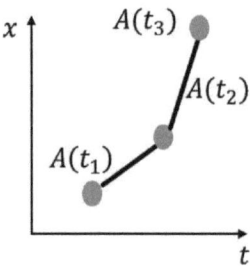

Abbildung 4: Ein Objekt A bewegt sich. Die Geschwindigkeit zwischen t2 und t3 ist dabei höher als zwischen t1 und t2. Das Objekt ist also beschleunigt.

Die genannten Begriffe des Ortes, der Geschwindigkeit und der Beschleunigung hängen also durch Ableitungen zusammen und stellen jeweils Vektoren im drei-dimensionalen Raum dar.

2.2 Der Ort und die Geschwindigkeit der Organisation

Kennzahlen als Positionsbestimmung von Organisationen

Wo befindet sich eine Organisation? Was sind ihre Koordinaten zu einem bestimmten Zeitpunkt? Jede Organisation kann über Kennzahlen charakterisiert werden. Wenn es zu einer Organisation n Kennzahlen gibt, kann man sie durch n Werte beschreiben. Der Ort einer Organisation ist somit der Punkt im n-dimensionalen Kennzahlenraum. Man kann ihn als n-Vektor angeben.

Da es beliebig viele Kennzahlen gibt, hat jede Organisation praktisch einen anderen Ort. Keine zwei Organisationen oder Teams sind in allen denkbaren Kennzahlen absolut identisch.

Von welchen Kennzahlen-Typen sprechen wir nun?

Kennzahlen-Prinzip 1: Kennzahlen zur Verortung beziehen sich auf einen Zeitpunkt, nicht auf einen Zeitraum.

Verwendet man Kennzahlen zur Verortung einer Organisation in einem Kennzahlenraum, so müssen sich die Kennzahlen auf einen Zeitpunkt beziehen, nicht auf einen Zeitraum.

Umsatz und Gewinn eignen sich also nicht als Ortskoordinaten, weil sie Eigenschaften eines Zeitraums (etwa eines Jahres) und nicht eines Zeitpunktes sind.

Kennzahlen-Prinzip 2: Kennzahlen zur Verortung müssen relative Größen sein.

Zweitens müssen sie Verhältniszahlen sein. Der Grund liegt darin, dass der Ort einer Organisation mit zwei Abteilungen zwischen den Orten der Abteilungen liegen soll. Bei absoluten Werten stimmt das nicht.

Eigenkapital eignet sich also nicht, weil sich bei einem Konzern die Werte zweier enthaltener Firmen addieren würden, und keinen Durchschnittswert ergeben. Der Konzern hätte einen gänzlich anderen Ort als die enthaltenen Firmen.

Besser geeignet sind also relative Kennzahlen, die sich auf einen Zeitpunkt (bsp. einen Stichtag) beziehen.

- Eigenkapital / Mitarbeitenden
- Eigenkapitel / Aktie
- Eigenkapital / Gesamtkapital

- Anteil der Behinderten / Anzahl der Mitarbeitenden

Bewertungen wie Zufriedenheit sind ebenfalls möglich, da man bei zusammengesetzten Organisationen immer mit dem Durchschnitt statt mit der Summe arbeitet.

- Durchschnittliche Mitarbeiterzufriedenheit (denn aus quantitativen Bewertungen wird ein Durchschnitt berechnet)
- Durchschnittliche Kundenzufriedenheit.

Der Ort einer Organisation entspricht also dem Vektor ihrer relativen Kennzahlen.

Geschwindigkeit von Organisationen

Die Geschwindigkeit im Kennzahlenraum entspricht der Veränderungsrate einer Kennzahl.

Kennzahlen-Prinzip 3: Kennzahlen, die sich auf einen Zeitraum beziehen, sind Geschwindigkeiten

Kennzahlen, die sich auf einen Zeitraum beziehen, müssen immer den Zeitraum mit angeben (wie Gewinn/Mitarbeiter/Jahr). Sie sind vergleichbar mit einer Durchschnittsgeschwindigkeit. Wenn daraus eine Momentangeschwindigkeit berechnet werden kann, indem man den Zeitraum verkleinert, erhält man die Momentangeschwindigkeit.

Ein Beispiel für eine Kennzahl ist $X = E/M = $ Eigenkapital/Mitarbeiter. Nehmen wir an, die Anzahl der Mitarbeitenden E sei konstant. Vergleicht man die Kennzahl am Ende mit dem Anfang des Jahres, so ist die Differenz $dX = d(E/M) = dE / M = $ Gewinn/Mitarbeiter. Die Geschwindigkeit in dieser Koordinate ist also $dX / dt = $ der Gewinn pro Mitarbeiter pro Jahr.

Etwas schwieriger wird es, wenn sich bei der Kennzahl der Nenner ändert. In diesem Beispiel könnte sich ja auch die Mitarbeiteranzahl verdoppelt haben, aber das Eigenkapital ist konstant. Oder beide Größen ändern sich. Auch wenn die Ableitung dann nach der Quotientenregel bestimmt wird, ist der Wert der Geschwindigkeit dennoch leicht zu berechnen.

Bei konstanter Geschwindigkeit könnte man nun die zukünftigen Werte extrapolieren. Aus dem Wert zum Zeitpunkt (t_0), der Geschwindigkeit und der Dauer t könnte man also das Eigenkapital/Mitarbeiter zu einem beliebigen Zeitpunkt t ermitteln.

Ähnlich verhält es sich mit allen anderen Kennzahlen. Bei konstanter Geschwindigkeit bewegt sich die Organisation geradlinig durch den Kennzahlenraum. Man sieht dies häufig in Diagrammen, bei denen eine Größe linear extrapoliert wird. Natürlich gibt es keine Organisation, bei der dies zutrifft. Die Geschwindigkeiten verändern sich ständig, und sind auch bei jeder Koordinate unterschiedlich. Offenbar gibt es auch eine Beschleunigung.

Beschleunigung der Organisation

Das bringt uns auf einen zentralen Begriff des Managements: **Change**. Change ist eine Veränderung des geradlinig, gleichförmigen Kurses der Organisation. **Change der Kennzahlen ist gleichbedeutend mit Beschleunigung.** Change ist also beobachtbar durch eine nicht-lineare Veränderung von Kennzahlen. Dabei kann sowohl der Betrag der Geschwindigkeit als auch die Richtung der Organisation verändert werden.

Wir betrachten Change in diesem Buch also nicht aus der psychologischen Perspektive, sondern rein von der messbaren Wirkung in den Kennzahlen.

Wie berechnet man die Beschleunigung? Nehmen wir nochmal das letzte Beispiel. Die Geschwindigkeit bezüglich der Koordinate X = E / M war dX/dt = Gewinn/Mitarbeiter/Jahr. Nun kann sich dieser Wert von einem Jahr zum nächsten ändern, er kann steigen oder sinken. Die Beschleunigung ist die Differenz der Geschwindigkeiten geteilt durch die Dauer, also pro Jahr.

Wie kann man das deuten? Die Beschleunigung 0 zeigt an, dass sich die Organisation linear weiterentwickelt. Eine hohe Beschleunigung zeigt ein, dass sich die Organisation deutlich anders entwickelt, als wenn man den geradlinigen Kurs extrapoliert hätte.

Gibt es unterschiedliche Beschleunigung in den verschiedenen Kennzahlen, dann entspricht das einer Richtungsänderung im Raum. Die Organisation ändert ihren Kurs.

2.3 Erkenntnisse

Was liefert uns nun die Übersetzung der Kinematik? Die Kinematik untersucht Bewegungen von Teilchen im Raum. Die Dynamik erklärt später, warum sich diese Teilchen bewegen.

Wir betrachten die Organisation als ein Objekt in einem n-dimensionalen Kennzahlenraum. Mit ihren aktuellen Werten hat sie einen eindeutigen Ort, der sich mit der Zeit verändern kann.

Wie in der Physik findet man aus verschiedensten Gründen keine Organisationen, die sich geradlinig und gleichförmig verändern. Um die Gründe für die Kursänderungen untersuchen zu können, ist es aber wichtig, diesen Spezialfall der konstanten Geschwindigkeit als Bezugspunkt zu verstehen. Erst dadurch wird Beschleunigung messbar, und man kann nach den Gründen fragen, was zu der Änderung geführt hat.

Warum ist dies alles so wichtig? Vergleichen wir noch einmal die Physik. Man kann Kräfte nur durch ihre Auswirkungen auf Teilchen erkennen. Dadurch werden Kräfte erst messbar. Selbst die Zeit ist nur durch Bewegung im Raum messbar.

Genauso ist es in Organisationen. Alle Kräfte in der Organisation führen dazu, dass sich Kennzahlen verändern. Das Studium der Eigenschaften von Kennzahlen ist somit Voraussetzung, bevor man sich der viel wichtigeren Frage zuwenden kann: Wodurch werden Kennzahlen denn genau verändert? Aber dazu müssen wir uns die Dynamik ansehen.

3 Masse

Im letzten Kapitel haben wir gesehen, dass man Organisationen über Kennzahlen verorten kann. Die Organisationen bewegen sich im Kennzahlenraum und haben dabei eine bestimmte Geschwindigkeit. Diese Geschwindigkeit kann sich mit der Zeit in Größe und Richtung ändern.

In diesem Kapitel wollen wir das nun genauer untersuchen. Was ist die Ursache für die Änderung der Bewegung. Genau diese Frage hat Sir Issac Newton im Jahre 1686 für die Physik in seinem Werk Philosophiae Naturalis Principia Mathematica bereits ausführlich beantwortet.

3.1 Die Newtonschen Gesetze

Während die Kinematik das Wesen von Bewegungen untersucht, geht es in der Dynamik um deren Ursachen. Die Frage lautet: Wodurch verändert eine Punktmasse ihren aktuellen Kurs?

Die zentralen Begriffe sind hierbei das Inertialsystem, die Kraft, die träge Masse und der Impuls. Diese Begriffe werden in den Newtonschen Gesetzen eingeführt. Es zeigt sich, dass es eine kleine Anzahl von Grundkräften gibt, die sich überlagern und zu einer Beschleunigung einer Punktmasse führen.

Was können wir uns für das Verständnis von Organisationen erhoffen? Aus der Kinematik haben wir gelernt, dass Organisationen einen Ort im Kennzahlenraum haben, und sich dort bewegen. Natürlich wollen wir, dass unsere Organisation gute Kennzahlen hat, also sich in eine bestimmte Richtung entwickelt. Die Übersetzung der Dynamik kann nun neue Erkenntnisse liefern, wie sich die Organisation in Richtung Erfolg bewegen kann.

Die Newtonschen Axiome

Die vier Gesetze von Newton sind Axiome. Sie basieren auf empirischen Beobachtungen der Natur und werden als mathematische Aussagen formuliert. Darauf aufbauend kann mit Mitteln der Mathematik weitergearbeitet werden. Mathematische begründete Schlussfolgerungen aus den Axiomen können dann wieder empirisch überprüft werden.

Die vier Gesetze lauten:

1 Ein Körper bleibt in Ruhe oder in geradliniger, gleichförmiger Bewegung, wenn keine Kraft auf ihn einwirkt. $F = 0 \Rightarrow a = 0$

2. Die Beschleunigung eines Körpers ist proportional zur einwirkenden Kraft. $F = m \cdot a$

3. Zu jeder Kraft gibt es eine Gegenkraft mit gleichem Betrag und umgekehrter Richtung. $F_{12} = -F_{21}$

4. Eine Linearkombination der Kräfte führt zu einer Linearkombination der Beschleunigungen.

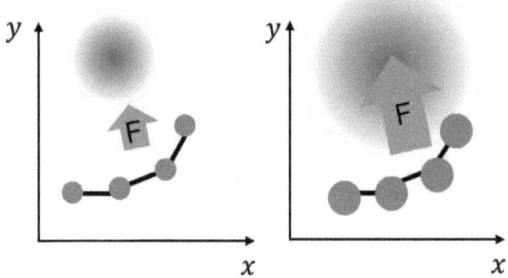

Abbildung 5: Links: Ein Objekt mit wenig Masse braucht eine geringe Kraft, um eine bestimmte Beschleunigung zu erfahren. Rechts: Wenn die Masse höher ist, braucht es eine größere Kraft.

Die vier Gesetze verbinden die Änderung der geradlinig, gleichförmigen Bewegung mit einer Kraft. Dadurch kann nicht nur die Ursache mit einer Wirkung in Beziehung gesetzt werden. Der Zusammenhang erlaubt es auch, Kräfte zu quantifizieren, indem man die resultierende Beschleunigung misst.

Sehen wir uns die einzelnen Gesetze einmal genauer an.

Trägheitsgesetz

Das erste Newton'sche Gesetz ist das Trägheitsgesetz.

Ein Körper bleibt in Ruhe oder in geradliniger, gleichförmiger Bewegung, wenn keine Kraft auf ihn einwirkt.

$$F = 0 \implies a = 0$$

Diese Beziehung verbindet die Kraft als Ursache mit der Beschleunigung als Wirkung. Ohne Kraft gibt es keine Beschleunigung.

Wenn die Beschleunigung Null ist, heißt das, dass sich die Geschwindigkeit nicht ändern soll. Dafür braucht man immer einen Bezugspunkt der Beobachtung, das **Inertialsystem**. Ein **Inertialsystem** ist ein Bezugspunkt von dem aus gesehen Teilchen, auf die keine Kraft wirkt, sich geradlinig und gleichförmig bewegen. Man kann zeigen, dass, wenn es überhaupt so ein Inertialsystem gibt, auch jeder verschobene, gedrehte oder mit konstanter Geschwindigkeit bewegte Bezugspunkt ebenfalls ein Inertialsystem ist.

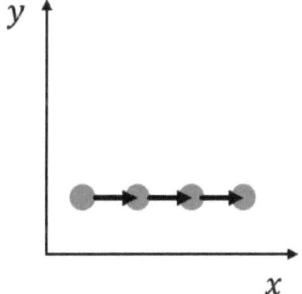

Abbildung 6: Ein Teilchen bewegt sich geradlinig und gleichförmig, wenn keine Kraft einwirkt.

Bewegungsgesetz

Das zweite Newton'sche Gesetz ist das Bewegungsgesetz.

Die Beschleunigung a eines Körpers ist proportional zur einwirkenden Kraft F. Dabei ist die **träge Masse** m eines Körpers der Proportionalitätsfaktor.

$$F = m \cdot a$$

Wie schon im ersten Newton'schen Gesetz ist eine Kraft die Ursache der Beschleunigung. Allerdings gibt es nun die träge Masse als Faktor.

Die träge Masse m ist also eine skalare Eigenschaft eines Körpers, die angibt, wie sehr sich der Körper einer Beschleunigung widersetzt. Je größer die träge Masse ist, desto weniger Beschleunigung erhält man bei gleicher Kraft.

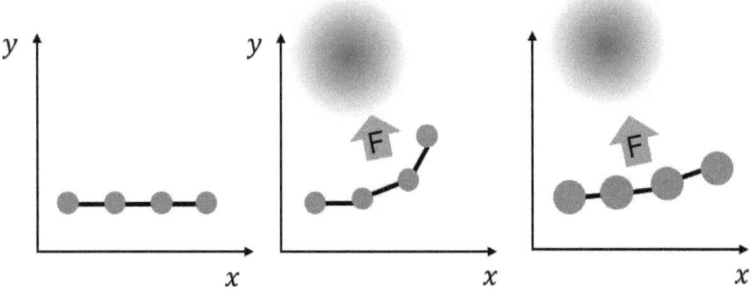

Abbildung 7: Je höher die Trägheit ist, desto geringer ist die Beschleunigung bei gleicher Kraft.

Wechselwirkungsgesetz

Das dritte Newton'sche Gesetz ist das Wechselwirkungsgesetz. Es ist besser bekannt unter dem Namen „Actio = Reactio".

Jeder Kraft wirkt eine gleich große Gegenkraft entgegen.

$$F_{21} = -F_{12}$$

Wenn ein Körper eine Kraft auf einen anderen Körper ausübt, so erfährt er stets selbst eine Kraft mit demselben Betrag aber umgekehrter Richtung.

Das Wechselwirkungsgesetz gilt allgemein für alle Arten von Kräften. Es gibt also keine Körper, welche reine Verursacher von Kräften auf andere sind, oder umgekehrt. Dieselbe Kraft wirkt immer auch zurück. Lediglich die Masse eines Körpers bestimmt, wie stark er dann selbst beschleunigt wird.

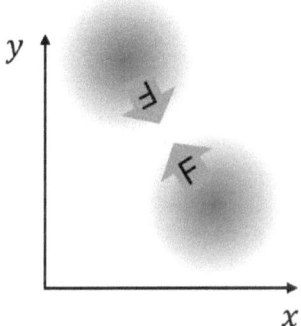

Abbildung 8: Jeder Kraft wirkt eine Gegenkraft mit gleichem Betrag und umgekehrter Richtung entgegen.

Überlagerungsgesetz

Das letzte Gesetz ist das Überlagerungsgesetz, auch bekannt als Superpositions-Prinzip.

Eine Summe der Kräfte führt zu einer Summe der Beschleunigungen.

$$F = F_1 + F_2 = m \cdot (a_1 + a_2) = m \cdot a$$

Sowohl Kräfte als auch Beschleunigungen sind Vektoren. Die Addition erfolgt also immer komponentenweise. Grafisch kann die Addition der Kräfte als Kräfteparallelogramm dargestellt werden, wobei die resultierende Kraft immer die Diagonale des Parallelogramms ist.

Da jeder Körper im Universum eine Masse hat und dadurch eine Gravitationskraft auf andere Körper ausübt, überlagern sich die Kräfte all dieser Körper und erzeugen dann eine resultierende Kraft, die auf einen Körper wirkt. Es überlagern sich also in jedem Punkt des Universums praktisch unendlich viele Kräfte. Umgekehrt beeinflusst auch jeder Körper das gesamte Universum.

Der erste Satz von Newton bezieht sich also auf die resultierende Kraft, die sich als Überlagerung der Kräfte aller Körper an einem Punkt ergibt. Diese kann Null sein, auch wenn die einzelnen Beiträge der Summe ungleich Null sind.

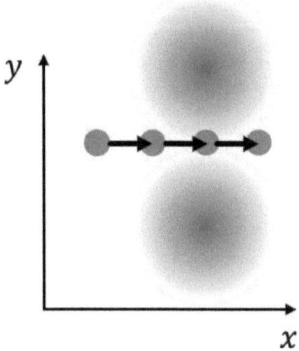

Abbildung 9: Kräfte überlagern sich in jedem Punkt des Raumes zu einer resultierenden Kraft.

Kräfte

Wir wissen nun, dass Teilchen durch Kräfte beschleunigt werden. Woher kommen aber die Kräfte? Die Teilchen werden nicht nur durch Kräfte beschleunigt. Sie sind auch selbst die Ursache solcher Kräfte.

Ein Beispiel dafür ist die Gravitationskraft. Jede Masse m_1 führt zu einer Anziehungskraft auf andere Massen m_2. Es gilt:

$$F = G \cdot m_1 m_2 / r^2$$

Dabei ist G die Gravitationskonstante und r der Abstand. Man sieht an der Gleichung auch die Symmetrie. Die Kraft wirkt auf beide Massen in unterschiedlicher Richtung.

Ein weiteres Beispiel ist die Coulomb-Kraft der elektrischen Ladung. Jede Ladung q_1 führt zu einer Anziehungs- oder Abstoßungskraft auf andere Ladungen q_2.

$$F = \frac{\varepsilon}{2\pi} * q_1 q_2 / r^2$$

Dabei ist ε die Dielektrizitätskonstante des Mediums und r der Abstand der Ladungen.

Im Gegensatz zur Gravitationskraft wirkt die Coulomb-Kraft nicht auf alle, sondern nur auf geladene Teilchen. Ein Neutron hat jedoch keine Ladung. Deshalb ist es weder die Quelle einer Coulomb-Kraft, noch kann es von anderen durch diese Kraft beschleunigt werden. Bei der Coulomb-Kraft gibt es im Gegensatz zur Gravitation sowohl eine anziehende als auch eine abstoßende Wirkung.

Ansonsten überlagern sich diese Kräfte aber in jedem Punkt und führen dort zu einer Beschleunigung.

Impuls

Das Bewegungsgesetz von Newton $F = m \cdot a$ führt uns zu einem neuen Begriff: Der Impuls ist eine Eigenschaft eines Körpers, die berechnet wird als das Produkt von Masse und Geschwindigkeit.

$$p = m \cdot v$$

Diese Größe hat die Eigenschaft, dass sie additiv ist. Wenn zwei Körper mit Massen m_1 und m_2 und gleicher Geschwindigkeit v die Impulse p_1 und p_2 haben, addieren sich die Impulse.

$$p = m \cdot v = m_1 \cdot v + m_2 \cdot v = p_1 + p_2$$

Mit dem Impuls kann man das Newton'sche Bewegungsgesetz $F = m \cdot a$ auch schreiben als

$$F = \dot{p} = dp(t)/dt$$

Liegt keine äußere Kraft vor, dann bleibt der Impuls eines Körpers erhalten. Genau dies besagt der Impulserhaltungssatz. Der Impuls ist also eine Eigenschaft, welche einen Körper charakterisiert. Körper mit hoher Masse haben bei gleicher Geschwindigkeit einen höheren Impuls als Körper mit geringer Masse.

3.2 Die Trägheit der Organisation

Ein erster Überblick

Wie kann man die Konzepte von Newton nun auf Organisationen übertragen?

Die Newtonschen Axiome besagen für Organisationen:

1. Organisationen verharren auf ihrem aktuellen Kurs, wenn keine Kraft auf sie einwirkt.
2. Die Veränderung des Kurses einer Organisation ist proportional zu dieser Kraft. Die Proportionalität entspricht der Trägheit der Organisation.
3. Zu jeder Kraft gibt es eine gegengesetzte Kraft. Der Verursacher einer Veränderung spürt selbst eine Kraft.
4. Die verschiedenen Kräfte, welche auf eine Firma wirken, überlagern sich und addieren sich vektoriell.

Sehen wir uns diese Aussagen einmal genauer an.

Das Verharren von Organisationen auf ihrem Kurs

Das erste Newton'sche Gesetz für Organisationen lautet:

Organisationen verharren auf ihrem Kurs, wenn keine Kräfte auf sie einwirken.

Genau das ist der Grund von Change-Management. Change-Management will Organisationen verändern – und zwar messbar. Eine Weiter des Status Quo auf dem aktuellen Kurs ist kein Change. Change bedeutet, dass sich Richtung oder Betrag der Geschwindigkeit ändert. Wenn keine Kräfte einwirken, verändert sich nichts.

Die Ursache und Wirkung von Veränderungen

Nun wird jede Organisation unterschiedlich auf diese Kräfte reagieren. Genau dies entspricht der Trägheit der Organisation, also deren träger Masse. Kleine Organisationen können sich oft schneller verändern als große. Sie haben weniger träge Masse, welche sie auf konstantem Kurs hält.

Dies erkennt man beim Change-Management. Menschen sind Gewohnheitstiere und bleiben oft auf ihren Kurs. Das Ändern des Kurses eines einzelnen Menschen erfordert schon Kraft. Bei Abteilungen mit vielen Menschen addieren sich die Kräfte.

Lassen Sie uns in einer allerersten Näherung annehmen, dass eine Gruppe von n durchschnittlichen Menschen n-mal schwieriger zu verändern sind als ein einzelner durchschnittlicher Mensch. Man könnte jedem Menschen eine Trägheit gegen Veränderung zuschreiben.

Natürlich gibt es hier oft eine sehr komplexe Gruppendynamik, die noch nicht berücksichtigt ist. Es hilft aber, die zu ändernden Menschen einzeln zu betrachten. Darauf aufbauend kann man dann auch die Effekte der Gruppendynamik genauer untersuchen. Das ist analog zur konstanten Geschwindigkeit, welche es nicht wirklich gibt, aber ein exzellenter Referenzpunkt ist, um Beschleunigungen messen zu können.

Wechselwirkungen

Menschen und Organisationen sind nicht nur träge und widersetzen sich der Veränderung. Sie sind gleichzeitig auch die Ursache dieser Veränderung.

Organisationen werden durch Kräfte verändert. Aber diese Kräfte haben immer einen Verursacher. Das können dabei Menschen sein, die eine Rolle ausfüllen, wie etwa der CEO. Oder es können andere Organisationen wie beispielsweise ein Wettbewerber sein.

Vertritt der neue CEO eine bestimmte Idee oder Vorgehensweise, dann will er, dass sich die Organisation in eine bestimmte Richtung bewegt. Allerdings verändert die Organisation dabei auch den CEO. Er muss Kompromisse eingehen und sich auf die Organisation zubewegen. Kräfte wirken also gleichermaßen auf Organisation und Chef. Wer sich mehr bewegt, ist dabei eine Frage der Trägheit, oder positiver formuliert: der Standfestigkeit.

Dasselbe gilt auch für zwei Organisationen, welche Produkte für dieselbe Zielgruppe haben. Eine Organisation verdrängt die andere aus dem Markt. Der Verlierer muss seinen Kurs ändern. Aber auch auf den Gewinner wurde eine Kraft ausgeübt.

Die Überlagerung vieler Kräfte

Auch in Organisationen wirken viele Kräfte gleichzeitig. Diese überlagern sich und bilden dann in jedem Punkt eine resultierende Kraft.

So wirken alle Mitarbeitenden und alle Investoren, Kunden und Lieferanten auf eine Organisation ein. Die verschiedenen Kräfte addieren sich. Je nachdem, ob sie in dieselbe Richtung zeigen oder nicht, verstärken sie sich, oder sie heben sich gegenseitig auf.

Am Ende entsteht aus dieser resultierenden Kraft eine Kursänderung einer Organisation.

Kräfte in der Organisation

Jeder Organisation und alle Mitarbeitenden werden durch Kräfte beeinflusst. Genauso gilt aber der umgekehrte Fall: Jeder Mitarbeiter und jede Mitarbeiterin ist Quelle vieler Kräfte und verändert damit andere Menschen oder ganze Organisation.

Die Kräfte können unterschiedlich stark sein. Sie wirken auch nur auf andere Menschen, die dafür empfänglich sind (also an das Feld koppeln). Dabei können sie anziehend oder abstoßend wirken.

Ein Beispiel ist die Vorbildfunktion von Führungskräften. Das Vorleben guter Eigenschaften oder hoher Produktivität wirkt sich darauf aus, dass andere ebenfalls diese Eigenschaften erwerben wollen und ihren Kurs ändern.

Auch Einfluss und Macht spielt eine Rolle. Ein CEO bewirkt durch das Vorgeben von Zielen, dass alle Abteilungen ihre Richtung ändern. Natürlich wird auch er umgekehrt von den Mitarbeitenden beeinflusst.

Der Impuls

Nun sollte man die Trägheit einer Organisation nicht als reines Problem ansehen. Impuls ist Masse mal Geschwindigkeit. Eine träge Organisation, die sich in die richtige Richtung bewegt, bleibt auch ohne Zutun auf Kurs. Sie hat einen hohen Impuls. Gerade die Mitarbeiter, die man als unflexibel ansieht, sorgen dafür, dass die Organisation weiterläuft, und nicht durch kleinste Störungen völlig aus dem Gleichgewicht gerät. Allerdings braucht es bei hoher träger Masse auch viel Kraft für die Veränderung.

Die Berechnung der Masse in Organisationen

Im Gegensatz zum 3-dimensionalen physikalischen Raum ist unser Kennzahlenraum nicht isotrop. Die Kennzahlen haben unterschiedliche Bedeutung. Deshalb ist auch die Masse als Trägheit immer In Bezug zu einer bestimmten Kennzahl zu sehen. Sie ist hier ebenfalls ein Vektor, genau wie der Impuls und die Kraft, und daher für jede Raumrichtung einzeln zu betrachten.

Die Frage lautet dabei immer: Welche Faktoren wirken der Veränderung einer bestimmten Kennzahl entgegen?

Konzentrieren wir uns auf eine einfache Interpretation:

Große Organisationen sind schwerer zu verändern als kleine. Beziehen wir die Größe einmal auf die Anzahl der Mitarbeiter. Für eine Veränderung müssen viele Menschen beeinflusst werden.

Natürlich ist jeder einzelne Mitarbeiter unterschiedlich. Manche verändern sich leichter, andere schwerer. Wenn man viele Mitarbeiter betrachtet, gibt es einen Durchschnittswert. Wir können das damit kalibrieren: Der Durchschnittsmensch hat den Trägheits-Wert 1. Jede Person kann dann relativ dazu einen unterschiedlichen Wert besitzen, und höhere oder niedrigere Werte haben.

Betrachtet man wieder eine sehr große Anzahl von Menschen, dann entspricht die Gesamtträgheit der Summe der Mitarbeitenden, weil sich die Abweichungen vom Durchschnittswert 1 herausmitteln. Damit gilt:

Masse = Anzahl der Mitarbeitenden

Natürlich gibt es noch andere Faktoren der Trägheit, wie etwa unflexible Software-Tools oder komplexe Entscheidungsabläufe. Auch diese wirken einer Änderung entgegen. Je größer die Trägheit, desto weniger Veränderung bei gleicher Kraft.

Wenn Sie bereits Autopoiesis gelesen haben, werden sie erkennen, worauf das hinausläuft. Ein lebendiges System wie eine Zelle ist ein Autokatalysator und besteht im Wesentlichen aus Katalysatoren und den Molekülen, aus denen etwas gebaut wird. Eine Organisation ist ebenfalls ein Autokatalysator und besteht daher aus den Faktoren zur Herstellung der Produktionskapazität. In der Lean-Welt nennt man dies Mensch, Maschine, Material, Methode, Management, Mitwelt. Diese Faktoren sowie ihr genaues Zusammenspiel sind die Komponenten der Organisation. Gleichzeitig stellen sie deren Trägheit dar. Jeder der Faktoren, und auch alle im Verbund, wirken einer Veränderung entgegen.

Bleiben wir aber für den Moment bei der sehr einfachen Interpretation der Trägheit als Anzahl der Mitarbeitenden.

Die Berechnung von Impuls und Kraft in Organisationen

Auf dieser Basis können wir nun auch den Impuls und die Kraft deuten, denn es gilt:

Impuls = Masse * Geschwindigkeit

Kraft = Masse * Beschleunigung = Impulsänderung.

Wie sieht das an konkreten Beispielen aus?

Beispiel 1:

Wir starten wieder mit dem Eigenkapital und formulieren eine Ortskoordinate.

Ort x	Eigenkapital / Mitarbeiter
Abstand dx	Gewinn / Mitarbeiter
Geschwindigkeit v = dx / dt	Gewinn / Mitarbeiter / Zeit
Masse m	Anzahl der Mitarbeiter
Impuls p = m * v	Gewinn / Zeit
Kraft F = dp/dt	Änderung des Gewinns/ Zeit pro Zeit

Beispiel 2:

Ähnlich kann man das auch in der Fertigung verwenden. Wir betrachten die absolute Anzahl der gefertigten Produkte. Dies ist nicht die Anzahl pro Zeiteinheit gemeint, sondern eine Gesamtanzahl aller jemals gefertigen Gegenstände seit Firmengündung oder einem bestimmten Stichtag. Der Bezugspunkt ist also relativ und kann willkürlich festgelegt werden. Die Ausbringungsmenge ist dabei die Menge der neu hinzugekommenen Produkte.

Ort x	Insgesamt Gefertigte Produkte / Mitarbeiter
Abstand Dx	Neu erzeugte Produkte / Mitarbeiter = Ausbringungsmenge / Mitarbeiter
Geschwindigkeit v=dx/dt	Ausbringungsmenge / Mitarbeiter / Zeit = Arbeitsproduktivität
Masse m	Anzahl der Mitarbeiter
Impuls p = m*v	Ausbringungsmenge / Zeit = Output

Kraft	Impulsänderung
F = dp/dt	= Änderung des Outputs pro Zeit

Bei dieser Kenngröße ergibt sich als Geschwindigkeit die Arbeitsproduktivität und als Impuls den Output (=Ausbringung/Zeit).

Man kann hier auch gut den Zusammenhang zwischen Ortskoordinate und Impuls erkennen. Wenn die ursprüngliche Kenngröße pro Person gerechnet war, dann ist der Impuls die Änderung der Kenngröße pro Zeit. Das Prinzip gilt immer, wenn die Trägheit bei der Ortskoordinate im Nenner steht. Bei der Berechnung des Impulses kürzt sich die Trägheit wieder raus.

Hätte man beispielsweise in der Trägheit und in der Ortskoordinate nicht die Anzahl der Mitarbeiter, sondern die gesamten Ressourcenkosten angesetzt, wäre die Geschwindigkeit die Total Factor Productivity, der Impuls wäre aber unverändert der Output.

Trotz dieser Ähnlichkeit zu bestehenden Kennzahlen gibt es einen zentralen Unterschied. Hier wird die Anzahl der Mitarbeitenden als Trägheit betrachtet, und nicht im Sinne der Kosten. Der Fokus liegt nicht auf der Produktivität, sondern darauf, dass etwas sich Änderungen widersetzt und auf Kurs bleibt. In beiden Fällen geht es aber um Bewertungen der Produktionsfaktoren. In den klassischen Modellen nach Kosten, und hier nach Veränderungsresistenz.

3.3 Erkenntnisse

Da Organisationen eine eigene komplexe Systemdynamik haben ist es schwer diesen Zusammenhang zu akzeptieren. In der frühen Physik war dies aber ähnlich. Die geradlinige, gleichförmige Bewegung findet man im Alltag nicht, da immer Reibung und Gravitation einwirken. Noch schwerer hätte es die Physik, wenn man die Gesetze sofort an Lebewesen erprobt hätte. So fällt ein Hamster herunter, ein Vogel offenbar nicht. Es ist auch schwierig, die Trägheit eines Pferdes zu bestimmen. Man kann es zweimal mit einer Kraft anschieben und es passiert nichts. Plötzlich läuft es von allein los. Trotz alledem gelten die Newtonschen Gesetze auch für Hamster, Vögel und Pferde. Sie haben alle eine träge Masse und sie gehorchen den Gesetzen der Physik. Als Lebewesen haben sie aber auch eine eigene komplexe Eigendynamik, welche dennoch wieder auf der Physik basiert. Diese Dynamik kann man erst dann beschreiben, wenn man sie mit dem leblosen Normalfall vergleicht.

Genauso verhält es sich mit Organisationen. Wenn eine Organisation ein Business as Usual in Reinform hat, und exakt gleich vorgeht, dann hat sie auch immer dieselben Resultate. Bei den Kennzahlen, die sich akkumulieren, ergibt sich dann eine lineare von der Zeit abhängige Größe. Jede Abweichung vom strikten Business as Usual wird hier als Folge einer verändernden Kraft betrachtet.

Die Newton'schen Axiome haben die Begriffe der trägen Masse und der Kraft in der Physik eingeführt. Teilchen bewegen sich geradlinig und gleichmäßig, wenn keine Kraft einwirkt. Wenn aber eine Kraft einwirkt, ist die Beschleunigung proportional zur Kraft. Dabei ist die träge Masse der Proportionalitätsfaktor.

Die Newtonschen Axiome besagen nun für Organisationen:

1. Organisationen verharren auf ihrem aktuellen Kurs, wenn keine Kraft auf sie einwirkt. Ihre Kennzahlen für Zeiträume (z.B.: Gewinn/Mitarbeiter/Jahr) sind konstant.
2. Die Veränderung des Kurses einer Organisation ist proportional zu dieser Kraft. Die Proportionalität entspricht der Trägheit der Organisation.
3. Zu jeder Kraft gibt es eine entgegengesetzte Kraft, welche auf den Verursacher in entgegengesetzter Richtung wirkt.
4. Die verschiedenen Kräfte, welche auf eine Organisation wirken, überlagern sich und addieren sich vektoriell.

Der Begriff der Trägheit beschreibt offenbar das Gegenteil von Agilität. Während Agilität beinhaltet, schnell zu reagieren und den eigenen Kurs anzupassen, beschreibt Trägheit ein Maß des Beharrungsvermögens.

Man könnte also sagen, dass agile Unternehmen versuchen, eine geringe träge Masse zu besitzen, damit sie mit wenig Kraft zu einer schnellen Kurskorrektur kommen. Das ist sicher in manchen Situationen hilfreich oder sogar notwendig, in anderen hat auch das Beharrungsvermögen einen hohen Wert.

Der Impuls verbindet gleichwertig die Geschwindigkeit mit der Trägheit. Ein hoher Impuls zeigt an, dass man eine hohe Geschwindigkeit trotz Trägheit erreichen konnte, und diese Geschwindigkeit auch beibehalten kann, wenn es Störungen gibt.

4 Energie

Organisationen haben also einen Impuls, der sie auf ihren Kurs hält. Sie verändern diesen Kurs, wenn Kräfte auf sie wirken. Die Trägheit der Organisation bestimmt dabei, wieviel Kraft notwendig ist, um die Kennzahlen zu verändern.

Nun kann man sich auch fragen, wieviel Veränderung in einer Organisation bereits kumuliert wurde. Wie vielen Kräften wurde sie bereits ausgesetzt, um zu den aktuellen Kennzahlen zu kommen? Es geht also um die bereits vollbrachte Veränderungsarbeit, welche die Organisation zu dem gemacht hat, was sie ist.

Da Organisationen und Mitarbeitende auch die Verursacher von Kräften sind, kann man sich umgekehrt fragen, zu welcher Gesamtveränderung sie fähig sind.

Genau diese Fragen führen uns zum Begriff der Energie in Organisationen. Was können wir da von der Physik lernen?

4.1 Die Energie in der Physik

Die Energie ist eine der zentralen Größen der Physik. Die gesamte Thermodynamik und die heutige Chemie basieren darauf.

Trotz dieser Bedeutung hat es lange gedauert, bis der Begriff Energie und der Energieerhaltungssatz entdeckt wurden. In der Zeit von Newton spielte sie noch keine große Rolle. Der Grund mag wohl darin liegen, dass er sich noch weiter von den beobachtbaren Größen Raum und Zeit entfernt als die Kraft. Bei der Beobachtung der Planeten spielte die Größe genauso wenig eine Rolle, wie bei den Energiequellen auf der Erde wie der Wind- oder Wasserkraft. Mit der Erfindung der Dampfmaschine und der aufkommenden Thermodynamik änderte sich das. Über die Kohle als Treibstoff für Dampfmaschinen wurde schnell klar, dass es ein Maß für gespeicherte Arbeit braucht, die am Ende eine Kraft auf einen Kolben ausübt. Im Laufe der Zeit verstand man das Phänomen immer besser. Heute ist jeder mit der Energie in

Kilowattstunden vertraut, selbst wenn diese Größe nicht direkt erfahrbar ist, sondern nur indirekt durch ihre Auswirkungen.

Die Definition von Energie und der Energieerhaltungssatz

Die Energieerhaltung ist eine direkte mathematische Konsequenz aus der Newtonschen Bewegungsgleichung $F = m \cdot a$. Der Gedankengang ist nicht sehr schwer, und so wunderschön, daher will ich ihn hier kurz darstellen.

$$0 = m \cdot a - F$$

Wir werden diese Gleichung mehrfach umformen. Zunächst multiplizieren wir beide Seiten mit v.

$$0 = m \cdot a \cdot v - F \cdot v.$$

Wir integrieren beide Seiten nach der Zeit.

$$\int 0 \, dt = \int mav \, dt - \int Fv \, dt$$

Nun formen wir die Integrale durch Substitution so um, dass der erste Summand zum Integral der Geschwindigkeit und der zweite zum Integral des Orts wird.

$$\int 0 \, dt = \int m \frac{dv}{dt} v \, dt - \int F \frac{dx}{dt} \, dt$$

$$\int 0 \, dt = \int mv \, dv - \int F \, dx$$

Die ersten beiden Integrale sind leicht zu lösen.

$$E_0 = \frac{1}{2} mv^2 + E_1 - \int F \, dx$$

Fasst man die Integrationskonstanten zusammen, erhält man die Energie E, welche sich aus zwei Summanden zusammensetzt.

$$E = E_0 - E_1 = \frac{1}{2} mv^2 - \int F \, dx$$

Dabei ist der erste Summand die **kinetische Energie**

$$E_{kin}(v) = \frac{1}{2} m \cdot v^2 \, .$$

Der zweite Summand ist die **potenzielle Energie**, die nur vom Ort abhängt.

$$E_{pot}(x) = - \int_0^x F(x) dx$$

Man erhält den **Energieerhaltungssatz**

$$E = E_{kin} + E_{pot} = const.$$

Die Summe aus kinetischer und potenzieller Energie ist konstant.

Die Bedeutung von Energie und Energieerhaltungssatz

Die Gesamtenergie einer einzelnen Punktmasse besteht also aus zwei Teilen. Ein Teil der Energie, die kinetische Energie, hängt nur von der Geschwindigkeit des Teilchens ab. Der andere Teil, die potenzlelle Energie, hängt nur von seinem Ort ab. Wenn keine Energie hinzukommt oder abgegeben wird, ist die Energie konstant. In diesem Fall kann aber potenzielle in kinetische Energie umgewandelt werden – oder umgekehrt.

Ein einfaches Beispiel ist ein Ball, der einen Berg hinaufrollt. Er besitzt eine Geschwindigkeit, also kinetische Energie. Beim Hinaufrollen gewinnt der Ball Höhenenergie, bis im höchsten Punkt die Geschwindigkeit Null ist. Die gesamte Energie wurde von kinetischer in potenzielle Energie umgewandelt. Beim Hinunterrollen wird die potenzielle Energie wieder in kinetische Energie umgewandelt.

Später werden wir das noch verfeinern und auch den Fall der Reibung betrachten, bei dem Energie scheinbar verschwindet. Diese Energie taucht als innere Energie wieder auf, macht sich als Temperatur bemerkbar, und bildet die zentrale Größe der Thermodynamik. Doch dazu später. Lassen Sie uns den Energiebegriff übertragen.

4.2 Die Energie der Organisation

Die Begriffe rund um die Energie waren Ihnen vermutlich schon aus der Schule bekannt. Mir war die mathematische Herleitung aus dem Bewegungsgesetz aber aus einem besonderen Grund wichtig:

Wer ja sagt zu den Newtonschen Gesetzen, muss auch ja sagen zur Energieerhaltung. Der Energieerhaltungssatz ist eine direkte mathematische Konsequenz aus der Bewegungsgleichung. Die Summe aus kinetischer und potenzieller Energie ist bei Punktmassen konstant.

Auch in der Physik war der Energiebegriff am Anfang alles andere als intuitiv. Dennoch hat er sich später als zentrale Größe herausgestellt. Lassen Sie uns auch bei Organisationen denselben Weg gehen.

Potenzielle Energie der Organisation

Die potenzielle Energie entspricht der Summe der Kräfte, die man auf dem Weg vom Startpunkt zu dem jetzigen Ort überwinden musste. Man gewinnt potenzielle Energie, genau wie ein Bergsteiger, der Höhenenergie gewinnt.

Im Falle einer Organisation ist der Ort durch Kennzahlen ausgegeben. Wählt man den Stand der Kennzahlen zu einem früheren Zeitpunkt als Bezugspunkt der Reise (Inertialsystem), dann entspricht die potenzielle Energie die Summe aller Bemühungen, um den jetzigen Stand der Orts-Kennzahlen zu erlangen.

$$E_{pot}(x) = - \int_0^x F(x)dx$$

Kinetische Energie der Organisation

Eine hohe kinetische Energie entspricht dem, dass sich eine eigentlich träge Organisation nun mit hoher Geschwindigkeit bewegt. Gerade weil sie so träge ist, musste sie mit viel Kraft beschleunigt werden, um die hohe Geschwindigkeit zu erreichen. Auf Grund der Impulserhaltung wird diese hohe Geschwindigkeit dann auch beibehalten, wenn keine weiteren Kräfte einwirken.

$$E_{kin} = \frac{1}{2}m \cdot v^2$$

Was besagt dieser Wert? Er besteht aus den Geschwindigkeits-Kennzahlen, und zwar im Quadrat, und der zu überwindenden Trägheit. Wegen des Quadrats spielt es keine Rolle, in welche Richtung sich Kennzahlen ändern. Je stärker sie sich ändern, desto höher ist die Energie, egal ob sie sich verbessern oder verschlechtern. Die Energie drückt nur aus, wie stark die Veränderung ist, nicht die Richtung.

Die Gesamtenergie

Die Energie besteht nun wie in der Physik aus zwei Summanden:

Der erste Summand, die kinetische Energie, beschreibt ein Maß für den Aufwand, um auf die aktuellen Geschwindigkeits-Kennzahlen zu kommen.

Der zweite Summand, die potenzielle Energie, beschreibt die Summe der einwirkenden Kräfte, um von einem Startpunkt zu den aktuellen Orts-Kennzahlen zu kommen.

Nun folgt aus dem Bewegungsgesetz von Newton der Energieerhaltungssatz. Wenn keine weiteren Kräfte einwirken und auch keine Energie dissipativ (durch Reibung) verloren geht, bleibt die Summe der beiden Energien erhalten.

In realen Organisationen kann man diesen Energieerhaltungssatz nicht beobachten. Woran liegt das, wenn der Satz doch mathematisch zwangsläufig aus den Axiomen folgt?

Es liegt daran, dass reale Organisationen keine toten Systeme sind, die sich treiben lassen, sondern lebendig sind, und deshalb ständig Energie von außen zuführen. Andererseits verlieren sie auch ständig Energie durch innere Reibung. Sie sind also nicht isoliert.

Auch wenn wir diesen theoretischen, isolierten Fall nicht beobachten, kann man dennoch die zwei Komponenten der Energie betrachten und die Verallgemeinerung formulieren, dass die Summe dieser Energieformen konstant ist, wenn es keine Änderungen durch Energiezugänge oder -abflüsse gäbe. Diese Energiezugänge und -abflüsse werden wir später noch detailliert untersuchen.

Vielleicht haben sie auch hier wieder die Idealisierung erkannt, die sich auch in der Physik immer wieder findet. Wir hatten das bereits bei der geradlinigen Bewegung, die es nirgends im Universum gibt. Die Idealfälle dienen nicht dazu, die Realität zu ignorieren, sondern als Bezugspunkt, um die Abweichungen genauer untersuchen zu können.

Die Berechnung der Energie

Die kinetische Energie kann sehr einfach aus den bisherigen Größen gebildet werden. Die potentielle Energie ist hier nicht aufgeführt, weil sie sich aus dem Umfeld der Organisation ergibt.

Wir knüpfen an die Berechnungen des letzten Kapitels an.

Beispiel 1:

Ort x	Eigenkapital / Mitarbeiter
Abstand dx	Gewinn / Mitarbeiter
Geschwindigkeit v = dx / dt	Gewinn / Mitarbeiter / Zeit
Masse M	Anzahl der Mitarbeiter
Kinetische Energie $E_{kin} = mv^2$	½ * Mitarbeiter * (Gewinn/Mitarbeiter/Zeit)^2 = ½ * (Gewinn/Zeit)^2 / Mitarbeiter

Beispiel 2:

Ort x	Insgesamt Gefertigte Produkte / Mitarbeiter
Abstand	Neu erzeugte Produkte / Mitarbeiter

Dx	= Ausbringungsmenge / Mitarbeiter
Geschwindigkeit v=dx/dt	Ausbringungsmenge / Mitarbeiter / Zeit = Arbeitsproduktivität
Masse m	Anzahl der Mitarbeiter
Kinetische **Energie** $E_{kin} = mv^2$	½ * Mitarb. * (Ausbringungsmenge/Mitarb./Zeit)² = ½ * Output² / Mitarbeiter

Beide Beispiele zeigen, dass man bei der kinetischen Energie zu nicht-intuitiven Kennzahlen kommt, die einen quadratischen Faktor besitzen. Dieser quadratische Faktor kommt aus der Geschwindigkeit.

4.3 Erkenntnisse

Wir haben nun mit der Energie einen zentralen Begriff kennengelernt. Während die vorherigen Begriffe wie Kraft, Impuls und Beschleunigung immer zu einem bestimmten Zeitpunkt wirken, werden bei der Energie diese Größen über einen Zeitraum summiert.

Bei Organisationen drückt die Energie also aus, welche Bemühungen in der Vergangenheit notwendig waren, um die Organisationen dahin zu bringen, wo sie heute steht.

Die kinetische Energie beschreibt den Aufwand, um zur aktuellen Geschwindigkeit, also der Kennzahlen der Veränderung zu kommen. Die potenzielle Energie beschreibt die Summe der Kräfte, um zu den heutigen Bestands-Kennzahlen zu kommen.

Da eine Organisation in ständigem Austausch mit der Umwelt ist, und dabei Energie gewinnt oder abgibt, wird man keinen Energieerhaltungssatz beobachten. Außerdem ist eine Organisation keine monolithische Punktmasse, sondern zusammengesetzt aus Teilen. Wir werden gleich sehen, dass in solchen zusammengesetzten Systemen scheinbar Energie verloren geht, und sich in innerer Energie wiederfindet. Sehen wir uns diesen Effekt einmal genauer an.

5 Innere Energie

Nachdem wir die Grundlagen geschaffen haben, können wir uns nun Systemen zuwenden. Wir wollen beleuchten, wie die Eigenschaften der Komponenten mit den Eigenschaften des Gesamtsystems zusammenhängen.

Warum ist das wichtig für Organisationen? Organisationen bestehen aus Geschäftseinheiten, Abteilungen, und diese wieder aus Teams und aus Rollen. Wir wollen eine Brücke zwischen den Eigenschaften der Rollen und den Eigenschaften der Organisation als Ganzes schaffen. Insbesondere interessiert uns, wie die Kennzahlen der Teile mit den Kennzahlen der Organisation als Ganzes zusammenhängen.

Wir haben im letzten Kapitel auch festgestellt, dass bei Organisationen der Energieerhaltungssatz nicht zu gelten scheint. Einen der Gründe werden wir jetzt genauer untersuchen. Die Energie von Organisationen geht nicht verloren, sondern sie wird in innere Energie umgewandelt, und ist nicht mehr sichtbar in den Kennzahlen.

Dieses Phänomen ist typisch für geschachtelte Systeme. Sehen wir uns das einmal anhand der Physik an.

5.1 Die innere Energie in der Physik

In der Physik ist schon lange bekannt, dass Energie scheinbar verloren geht. Rollt mein einen Ball auf einer geraden Strecke, dann kommt er irgendwann zum Stillstand. Die kinetische Energie ist aber nicht verloren gegangen, sondern hat sich durch Reibung in eine andere Energieform, die innere Energie, umgewandelt. Diese Energieform ist nun durch Erhöhung der Temperatur wahrnehmbar. Was passiert da im Detail?

Mehrteilchensysteme und Schwerpunkt

Wir gehen nun von der einzelnen Punktmasse hin zu einem Mehrteilchensystem bestehend aus n Teilchen. Bei einem

Mehrteilchensystem hat jedes Teilchen j einen eigenen Ort r_j und Masse m_j. Die Einzelmassen m_j summieren sich dann zur Gesamtmasse.

$$M = \sum m_j$$

Aus den Orten und Massen der Einzelteilchen kann auch der Schwerpunkt R berechnet werden. Er ist definiert durch:

$$RM = \sum r_j m_j$$

Oder gleich direkt als:

$$R = \frac{1}{M} \sum r_j m_j$$

Man kann das Mehrteilchensystem also auch vereinfacht betrachten. Es hat die Masse M und befindet sich am Ort R.

Ein Beispiel ist ein Molekül, welches aus mehreren Atomen besteht. Jedes Atom hat seine eigene Masse m_j und seinen Ort r_j. Die Masse M des Moleküls ist die Summe der Einzelmassen. Der Ort R des Moleküls ist der Schwerpunkt des Mehrteilchensystems, bei dem alle Orte massengewichtet einfließen.

Die Formel ist übrigens sehr ähnlich zur Berechnung des Erwartungswertes in der Stochastik. Beim Erwartungswert werden die Ergebnis-Werte eines Experiments mit den Wahrscheinlichkeiten gewichtet, hier werden Orts-Werte mit den Massen gewichtet. Der Schwerpunkt ist daher als Mittelwert der Orte interpretierbar.

Geschwindigkeit und Impuls von Mehrteilchensystemen

Das Gesamtsystem hat auch eine Geschwindigkeit: die Änderung $\dot{R} = \frac{dR}{dt}$ seines Ortes mit der Zeit. Wenn sich die Massen nicht ändern, gilt:

$$\dot{R} = \frac{1}{M} \sum \dot{r}_j m_j$$

Die Gesamtgeschwindigkeit ist also der (massengewichtete) Mittelwert der Einzelgeschwindigkeiten.

Was gilt für den Gesamtimpuls P? Hier gilt $P = \dot{R}M = \sum \dot{r}_j m_j = \sum p_j$. Der Gesamtimpuls P des Mehrteilchensystems ist also die Summe der Einzelimpulse p_j. Wenn die Summe der Einzelimpulse erhalten bleibt, dann bleibt auch der Gesamtimpuls erhalten.

Man sieht: Der Schwerpunkt ermöglicht es, Eigenschaften von Komponenten mit Eigenschaften des Gesamtsystems in Beziehung zu setzen. Das Gesamtsystem erhält nun einen Ort, eine Gesamtgeschwindigkeit, eine Gesamtmasse und einen Gesamtimpuls.

Der Schwerpunkt basiert auf der Gewichtung der Einzelkomponenten durch deren Trägheit. Der Schwerpunkt hat die Eigenschaft, dass sich das System als Ganzes so verhält, als ob die gesamte Masse dort liegen würde. Die Bewegung des Schwerpunktes folgt dem Impulserhaltungssatz.

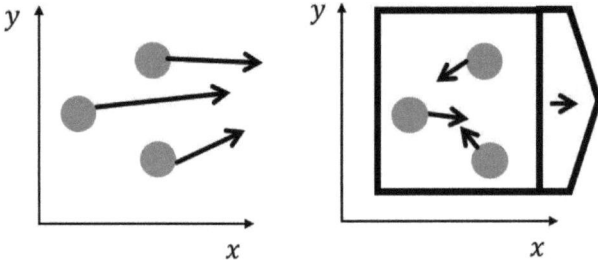

Abbildung 10: Links sieht man die Bewegungen der Einzelteilchen. Rechts sind man die Bewegungen relativ zum Schwerpunkt, sowie die Bewegung des Schwerpunkts des Gesamtsystems.

Mit diesen neuen Begriffen können wir nun ein großes Problem lösen: Da es kein ausgezeichnetes Inertialsystem gibt, sind alle Orts- und Geschwindigkeitsangaben immer relativ zu einem Inertialsystem zu sehen. Daher haben auch der Impuls und die Energie keine absoluten Werte, sondern sie hängen immer vom Inertialsystem ab.

Bei einem Mehrteilchensystem gibt es aber einen besonderen Ort und eine besondere Geschwindigkeit. Das sind der Schwerpunkt und die Geschwindigkeit, mit der er sich bewegt. Wählt man dies als Inertialsystem, dann kann man das System sozusagen aus seiner eigenen Mitte betrachten. Man erhält nun Werte, die für das System charakteristisch sind.

Beim Impuls ergibt dies leider keine neuen Erkenntnisse, da sich vom Schwerpunkt aus betrachtet alle Impulse aufheben. Genau das ist die Besonderheit des Schwerpunkts, dass er eine Art Mittelwert darstellt, und seine Bewegung auch den Mittelwert der Einzelbewegungen.

Viel ergiebiger ist aber der Begriff der kinetischen Energie.

Die innere Energie von Mehrteilchensystemen

Wir können die kinetische Energie aller Teilchen vom Schwerpunkt aus betrachten.

Jedes Teilchen j des Mehrteilchensystems mit der Masse m_j hat eine Geschwindigkeit v_j. Daraus kann man dann die kinetische Energie des j. Teilchens bestimmen.

$$E_{kin,j} = \frac{1}{2} m_j v_j^2$$

Summiert man die Energien aller Teilchen, dann erhält man:

$$E_{kin} = \sum E_{kin,j} = \sum \frac{1}{2} m_j v_j^2$$

Was ist nun besonders an diesem Wert? Es steckt offenbar sehr viel kinetische Energie in dem System, obwohl es, vom Schwerpunkt aus betrachtet, doch in Ruhe ist und die Geschwindigkeit Null hat.

Ein Mehrteilchensystem hat mehr kinetische Energie als man bei Betrachtung der Gesamtbewegung vermutet. Diesen nicht sichtbaren Teil nennt man daher die **innere Energie**.

Dieser Begriff ist wohl der zentrale Begriff der Thermodynamik und damit auch der Chemie.

Beim Impuls hatten wir schon besprochen, die Geschwindigkeit des Schwerpunktes so etwas wie ein mit Massen gewichteter Mittelwert des Einzelbewegungen ist. Die Formel zur kinetischen Energie hingegen erinnert an die Streuung der Geschwindigkeiten. Eine hohe innere Energie bedeutet, dass die Einzelgeschwindigkeiten stark vom Mittelwert abweichen, also eine hohe Geschwindigkeit relativ zum Schwerpunkt haben.

Wie kommt die innere Energie nun zu Stande?

Dissipative Kräfte

Bei Mehrteilchen-Systemen kann ein Teil der Energie scheinbar verschwinden. Genau dies passiert bei der Reibung. Die Energie geht dabei aber nicht verloren, sondern sie verteilt sich auf die einzelnen Moleküle, und mittelt sich bei makroskopischer Betrachtung heraus. Es wird also die innere Energie erhöht. Deshalb bleibt die Energie erhalten, ist aber nicht mehr als kinetische oder potenzielle Energie des Gesamtsystems sichtbar.

Die kinetische Energie von Objekten kann also durch dissipative Kräfte verloren gehen.

Dabei wird Energie, die im System sichtbar ist, derart auf die kinetische Energie der Komponenten verteilt, dass sich die Effekte in der Summe aufheben und im Gesamtsystem nicht mehr sichtbar sind.

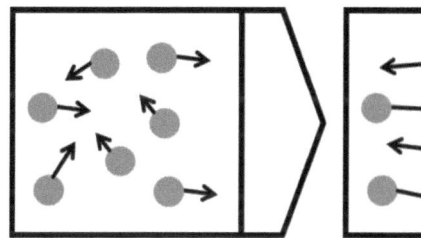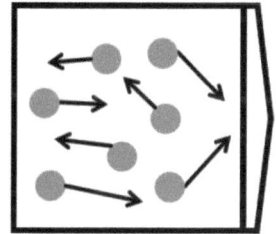

Abbildung 11: Dissipative Kräfte führen dazu, dass sich die makroskopisch sichtbare gerichtete Bewegungsenergie verkleinert. Die Energie wird auf ungerichtete Einzelbewegungen verteilt.

Schwingungen

Wie kann man sich die innere Energie nun vorstellen. Im einfachsten Falle erkennt man das bei einer Explosion, wie bei einer Supernova. Die einzelnen Teilchen bewegen sich mit sehr hoher Geschwindigkeit vom Zentrum weg, aber in Summe ist der Schwerpunkt des Gesamtsystems immer noch derselbe. Dies Supernova als Ganzes bewegt sich nicht, und hat daher um Zentrum aus betrachtet keine kinetische Energie, obwohl sich alle Teilchen sehr schnell vom Schwerpunkt entfernen. Diese geraden Bewegungen nennt man Translationen. Es gibt aber auch noch andere Fälle.

Neben der kinetischen Energie der Teilchen gibt es nämlich auch noch die potenzielle Energie der Teilchen. Die Teilchen können sich gegenseitig anziehen. Diese Anziehungskraft führt dazu, dass die Geschwindigkeiten der Teilchen kleiner werden, irgendwann zum Erliegen kommen, und die Teilchen wieder zurückfliegen, genauso wie ein hoch geworfener Ball irgendwann zurückkommt. Dasselbe kennt man von einer Feder, bei der eine bewegte Masse von der Feder zurückgezogen wird, den Mittelpunkt passiert und sich dann in die andere Richtung bewegt, bis ihn die Kräfte die Masse erneut zurückholen.

Genau das sind Schwingungen. Jedes Teilchen kann kinetische in potenzielle Energie umwandeln und wieder zurück. Dadurch besitzt es eine hohe Energie, aber es entfernt sich nicht unbedingt vom Schwerpunkt wie bei einer Explosion.

Typische Fälle von Schwingungen sind Vibrationen und Rotationen. Bei der Vibration wird entlang einer einzigen Dimension potenzielle in kinetische Energie umgewandelt und zurück. Die Kraft wirkt entlang der Achse, in der sich das Teilchen bewegt, also wie bei einer Feder. Ein Beispiel für Vibrationen ist das zyklische Annähern und Abstoßen von Atomen in einem Molekül.

Bei der Rotation hingegen wirkt die Kraft senkrecht zur Bewegungsrichtung, so dass das Teilchen seine Richtung ändert und in eine Kreis- oder Ellipsenbahn einschwenkt. Dies ist typisch für Planetenbahnen, um die Sonne herum, aber auch für Drehbewegungen innerhalb von Molekülen. Die kinetische Energie wird nicht in potenzielle Energie umgewandelt, sondern von einer Raumrichtung in eine andere übertragen.

Beide Arten der Schwingungen entstehen durch Kräfte innerhalb eines Systems. Da Kraft und Gegenkraft sich immer aufheben, haben diese keinen Effekt auf den Schwerpunkt eines Systems oder dessen Bewegung.

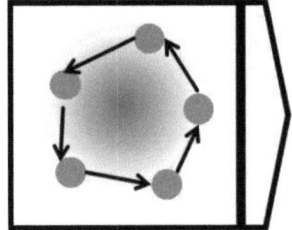 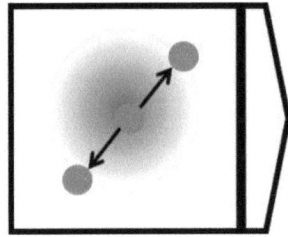

Abbildung 12: Die potenzielle Energie des Systems führt dazu, dass sich Rotationen und Vibrationen bilden können. Diese enthalten innere Energie, die jedoch nicht makroskopisch erkennbar sind.

Freiheitsgrade

Die kinetische Energie kann also als Translations-, Rotations- oder Vibrationsenergie vorliegen. Translationen sind gerade Bewegungen der Teilchen im Raum, während die anderen beiden Schwingungen darstellen.

Stellen wir uns einen Behälter mit Gasmolekülen vor. Nur die geradlinigen Bewegungen der Translationen sorgen dafür, dass die Gasmoleküle an die Wand stoßen und dabei Energie in Form von Arbeit oder Wärme übertragen.

Die Rotationen und Vibrationen innerhalb der Gasatome selbst beinhalten zwar auch innere Energie, diese trägt aber nicht zu einem Austausch bei.

Es gibt also innere Energie, die keinen Einfluss auf Temperatur oder Druck hat, und auch nicht durch Wärme oder Arbeit abgegeben werden kann. (Wir werden das in der Thermodynamik noch genauer ansehen)

Die Anzahl der Freiheitsgrade f beschreibt man die Anzahl der Transitions-, Vibrations- und Rotationsrichtungen. Wenn sich die kinetische Energie auf diese f Freiheitsgrade gleichmäßig verteilt, und es nur 3 Raumrichtungen für Translationen gibt, dann ist $\frac{3}{f} E_{kin}$ der Anteil, der als Translationsenergie in auch von außen beobachtbar ist.

Gehen wir noch einmal zurück zum Gas. Ein sich frei bewegendes n-atomiges Molekül hat 3n Freiheitsgrade, wobei nur 3 Freiheitsgrade in der Translationsbewegung liegen. Die Energie der Translation ist bei großen Molekülen also nur ein kleiner Teil der inneren Energie. Der größte Teil ist verborgen in den inneren Schwingungen.

5.2 Die Innere Energie der Organisation

Der Schwerpunkt der Organisation

Im Folgenden werden wir eine Organisation als Gesamtsystem verstehen, die sich rekursiv aus Geschäftseinheiten, Abteilungen, Teams und Rollen zusammensetzt. Natürlich hat jede Teilorganisation andere Werte in den Kennzahlen. Dennoch kann man daraus einen Wert für das Gesamtsystem ermitteln.

Genau wie in der Physik kann man einen Schwerpunkt berechnen, indem man die Einzelbeiträge gewichtet und summiert. Letztendlich handelt es sich um eine einfache Mittelwertberechnung, bei denen die Beiträge nach ihrer Trägheit gewichtet werden.

Trägheit in Teilorganisation j	m_j
Kennzahl für Teilorganisation j	r_j

Gesamtträgheit = Gesamtmasse M	$M = \sum m_j$
Schwerpunkt R	$R = \dfrac{1}{M} \sum r_j m_j$
Gesamtgeschwindigkeit $\dot{R}$	$\dot{R} = \dfrac{1}{M} \sum \dot{r}_j m_j$
Gesamtimpuls	$P = M \cdot \dot{R}$

Die Berechnung ist also einfach und intuitiv klar. Man kann bei zwei Geschäftseinheiten einzeln das Eigenkapital pro Mitarbeiter berechnen, und erhält als Schwerpunkt den gewichteten Mittelwert. Ähnlich ist es bei der Geschwindigkeit.

Nun wechseln wir einmal den Bezugspunkt und betrachten das gesamte System vom Schwerpunkt aus. Wir interessieren uns also nicht für den absoluten Gewinn, sondern dafür, wie stark die einzelnen Abteilungen vom Mittelwert abweichen. Es gibt besser und schlechter laufende Abteilungen. Die Ergebnisse mitteln sich natürlich heraus, weil der Schwerpunkt ja unsere Nullmarke ist.

Die innere Energie der Organisation

Spannend wird es aber bei der Energie. Vom Schwerpunkt ausgesehen beobachten wir, dass sich manche Abteilungen verglichen mit dem Mittelwert verbessern oder verschlechtern.

Die innere Energie drückt dies in einer Zahl aus. Man berechnet sie genauso wie die kinetische Energie, aber verwendet die Geschwindigkeiten relativ zum Schwerpunkt.

Wenn unser Schwerpunkt den Mittelwert darstellt, dann kann man sich die innere Energie als Streuung vorstellen. Eine hohe innere Energie besagt also, dass die einzelnen Abteilungen in ihren Geschwindigkeits-Kennzahlen (wie Gewinn/MA/Jahr) stark voneinander abweichen. Wäre die innere Energie gleich Null, dann hätte jede Abteilung genau dieselben Ergebnisse.

Woher kommt diese innere Energie? Woher kommen die Abweichungen in den Ergebnissen?

Die Organisation als dissipatives System

Mit den dissipativen Kräften haben wir nun den Grund, warum es im Normalfall keine geradlinigen, gleichförmigen Bewegungen gibt. Es gibt immer etwas, was den normalen Ablauf abbremst.

Was passiert aber in Organisationen bei der Reibung. Bei der gemeinsamen Verfolgung eines Ziels muss jeder Mitarbeiter unterschiedliche Gegenkräfte überwinden. Dabei ändert sich bei jedem leicht die Richtung und er kommt ein klein wenig von der Idealrichtung ab. Dadurch entstehen Unterschiede und Streuung vom Mittelwert. Der eine Mitarbeiter ist schneller, der andere langsamer. Gleichzeitig entstehen Bewegungen, die nicht in Richtung des Ziels zeigen.

Diese Reibung verlangsamt die Bewegung der Organisation, und sie erhöht gleichzeitig die innere Energie.

Die schwingende Organisation

Worin ist diese innere Energie nun verborgen? Gibt es auch Translationen, Vibrationen und Rotationen in Organisationen? In allen Fällen mitteln sich die Geschwindigkeiten heraus. Trotzdem sind sie unterschiedlich.

Translationen entsprechen den unterschiedlichen Geschwindigkeiten der einzelnen Abteilungen, die eine klare Richtung haben.

Bei den Schwingungen, also den Vibrationen und Rotationen gibt es keine klare Richtung der Veränderung. Es sind Abläufe die letzlich immer im Kreis herumführen. Ergebnisse sind mal besser und mal schlechter. Es sind die inneren Schwankungen der einzelnen Abteilungen, also deren Ungleichmäßigkeit.

Wodurch kommt so etwas zu Stande? Ein Beispiel sind interne Reorganisationen. Das eine Mal wird das Produkt in den Vordergrund gestellt, beim nächsten Mal die Region. Wenn eine Abteilung öfters ihre Ausrichtung ändert, dann ändert sie die Ziele und Zielerreichung mit. Man erkennt, dass sowohl die Kundennähe als auch die Produktqualität schwanken. Diese zyklischen Schwankungen binden Energie, weil jeder mit der Reorganisation beschäftigt ist. Trotz alledem laufen Bemühungen im Kreis herum.

Das soll natürlich nicht heißen, dass die Reorganisationen generell sinnlos sind. Wir haben ja schon vorab die Vorwärtsbewegung herausgerechnet, und mit der inneren Energie nur noch den Teil untersucht, der nichts bringt.

Freiheitsgrade der Organisation

Es gibt also viele Freiheitsgrade innerhalb einer Organisation, auf die sich die innere Energie verteilen kann.

Bei Translationen gibt es zumindest für eine Teilorganisation eine klare, stabile Richtung. Bei den Freiheitsgraden der Schwingungen gibt es diese Richtung nicht. Es ist ein Hin und Her, welches eine hohe Energie besitzt, aber nicht einmal relativ zum Schwerpunkt der Organisation zu einer Veränderung führt.

Was kann man nun mit den Schwingungen und den Freiheitsgraden von Organisationen praktisch anfangen? Man kann sie zunächst nicht empirisch messen. Das ist aber auch in der Physik nicht möglich. Sie liefern aber dort sehr gute Erklärungen über das Wesen der inneren Energie.

Die Wärmekapazität beschreibt beispielsweise, welche Temperaturänderungen bei welcher Wärmezufuhr zu erwarten ist. Die Temperatur hängt nämlich nur mit der Energie in den Translationen zusammen und nicht mit der Energie der Schwingungen. Je mehr Freiheitsgrade ein Stoff besitzt, umso weniger erhöht sich seine Temperatur bei Wärmezufuhr. Über diese Begriffe kann man die Freiheitsgrade dann auch ermitteln.

Genauso stellt sich die Frage, welcher Teil, der einer Organisation zugeführten Energie wieder sichtbar wird. Je mehr Freiheitsgrade sie hat, desto größer ist der Anteil der in inneren Schwingungen verloren geht.

5.3 Erkenntnisse

Was bedeutet das für Organisationen?

Organisationen sind komplexe, zusammengesetzte Systeme. Sie bestehen aus Geschäftseinheiten, Abteilungen, Teams und Rollen. Deshalb greift der klassische Energieerhaltungssatz zu kurz. Es gibt so etwas wie die innere Energie.

Die innere Energie besagt nichts über die aktuelle Position oder die Veränderung der Organisation. Die Vorwärtsbewegung der Organisation als Ganzes, also des Schwerpunktes. wurde ja bereits vorab herausgerechnet.

Die innere Energie befasst sich mit der Streuung der Kennzahlen der Abteilungen in Bezug auf den gemeinsamen Durchschnittswert.

In dieser Streuung liegt sehr viel Energie, die nicht zur Vorwärtsbewegung beiträgt, weil die Bewegungen ungerichtet sind, und sich gegenseitig herausmitteln.

In der Physik weiß man, dass dieser Teil der Energie viel höher ist als die eigentliche Bewegungsenergie. Genau diese Energie wollen wir verstehen und nutzen.

Sehen wir uns die innere Energie von Organisationen noch einmal genauer an. Sie besteht aus zwei Komponenten: Die Translationen und die Schwingungen.

Bei den Translationen haben Teil-Organisationen einen klaren Kurs. Sie bewegen sich mit den Kennzahlen in eine bestimmte Richtung.

Bei den Schwingungen ändern sich die Geschwindigkeiten oder die Richtungen zyklisch, so dass alles im Kreis herumläuft.

Die Freiheitsgrade beschreiben nun, wie viele Arten von Translationen und Schwingungen es gibt. Interessant ist insbesondere der Anteil der Translationen, weil die darin liegende Energie später genutzt werden kann.

6 Temperatur

Wir kennen nun das Wesen der inneren Energie der Organisation. Sie entsteht dadurch, dass man die Organisation von ihrem Schwerpunkt aus betrachtet, und sich dann für die gewichteten Streuungen der Geschwindigkeiten interessiert. Wie stark streuen die Ergebnisse der Abteilungen vom Durchschnittswert?

Mit der Unterscheidung in die Energien der Translationen, Vibrationen und Rotationen haben wir dieses Phänomen schon etwas genauer kennengelernt. Offenbar sind vor allem Die Translationen interessant, bei denen Veränderungen in eine bestimmte Richtung gehen und nicht zyklisch im Kreis verlaufen. Diesen Anteil sehen wir uns nun genauer an, diesmal aber von einer makroskopischen Perspektive.

Wir wollen also eine Kenngröße der Gesamtorganisation bekommen, die uns über diesen Anteil informiert. Dies führt uns zur Temperatur.

6.1 Die Temperatur in der Physik

Temperatur

Eine zentrale intensive Zustandsgröße des thermodynamischen Systems ist die Temperatur. Als intensive Größe drückt sie einen Durchschnittswert aus.

Die Temperatur ist eng mit der mittleren kinetischen Energie der Teilchen verknüpft. Es gilt:

$$< E_{kin} > = \frac{f}{2} k_B T$$

Der Erwartungswert der kinetischen Energie eines einzelnen Teilchens (Atom oder Molekül), hängt ab von der Temperatur T, der Anzahl der bei dieser Energie erreichbaren Freiheitsgrade f und der Boltzmann-Konstante k_B.

Man kann die Temperatur also verstehen als ein Maß für die durchschnittliche kinetische Energie eines einzelnen Freiheitsgrades. Es ist also der Anteil der durchschnittlichen Energie, der als Translation vorliegt und in eine bestimmte Raumrichtung zeigt.

Bei einem einatomigen Gas wie etwa Helium gibt es nur die drei Freiheitsgrade der Translation. Es gibt drei Raumrichtungen, also ist $f = 3$. Bei einem mehratomigen Molekül hingegen können die Freiheitsgrade deutlich höher sein. Moleküle können rotieren oder vibrieren. Bei niedrigen Energien hat man noch Festkörper und ist dies noch nicht möglich. Erst bei höheren Energien werden diese zusätzlichen Freiheitsgrade erschlossen. Besonders deutlich wird dies bei Phasenübergängen vom festen zum flüssigen oder gasförmigen Zustand. Beim Schmelzen oder Sieden werden neue Freiheitsgrade erschlossen. Deshalb kann das System Energie aufnehmen, ohne die Temperatur zu erhöhen. Die Energie verteilt sich einfach auf die neuen Freiheitsgrade.

Warum ist die Temperatur so eine wichtige Größe? Sie zeigt den Anteil der Energie an, der als Translationsbewegung in eine bestimmte Richtung zeigt. Dieser Anteil ist später wichtig bei der Wärmeübertragung an der Wand eines Gefäßes.

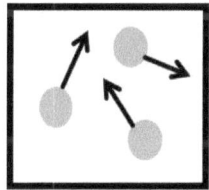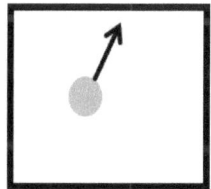

Abbildung 13: Die Temperatur entspricht der mittleren kinetischen Energie eines Teilchens pro Freiheitsgrad. Sie ist nicht von der Teilchendichte abhängig. Beide Systeme haben dieselbe Temperatur.

Ein interessanter Aspekt bei der Temperatur ist die Tatsache, dass sie von der durchschnittlichen kinetischen Energie der Teilchen ausgeht, also unabhängig von der Anzahl der Teilchen ist. Aus diesem Grund kann es in der oberen Atmosphäre hohe Temperaturen geben, obwohl sich dort nur wenige Teilchen befinden.

Druck

Der Druck ist definiert als Kraft, die senkrecht auf eine Fläche wirkt, also

$$p = F/A$$

Was ist die Ursache für die Kraft, die auf eine Fläche wirkt? Dies wird durch die kinetische Gastheorie erklärt. Die Ursache der Kraft liegt im Impuls der Teilchen. Teilchen können in verschiedene Richtungen mit unterschiedlicher Geschwindigkeit fliegen. Manche der Teilchen fliegen in Richtung der besagten Fläche. Dabei können nur diejenigen Teilchen die Fläche erreichen, welche bereits nahe genug dran sind. Wenn sie dann auf die Fläche treffen, prallen sie zurück. Diese Änderung des Vorzeichens der Geschwindigkeit führt auch zu einer Impulsänderung des Teilchens, also einer Kraft. Wegen des Wechselwirkungsgesetzes (Actio = Reactio) wirkt somit auch eine Kraft auf die Wand, welche diese beschleunigt.

Die Erklärung der kinetischen Gastheorie zeigt auch gleich auf, was zu einem hohen Druck führen kann. Es braucht viele Teilchen, die jeweils einen hohen Impuls haben. Je mehr Teilchen es gibt, je mehr Masse diese haben und je höher die Geschwindigkeit ist, desto höher wird auch die resultierende Kraft und somit der Druck sein.

Ist der Außendruck größer als der Innendruck, dann wird ein Körper komprimiert. Im umgekehrten Fall dehnt er sich aus.

Was passiert, wenn der Druck der Umgebung auf mehreren Seiten des Systems unterschiedlich ist? Das System wird auf einer Seite zurückgedrängt, während es sich auf der anderen Seite ausdehnt. Es bewegt sich.

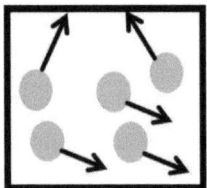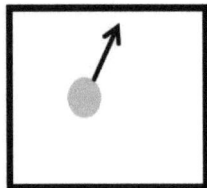

Abbildung 14: Der Druck hängt sowohl von der kinetischen Energie als auch von der Teilchendichte ab. Der Druck ist hier unterschiedlich.

Im Gegensatz zur Temperatur hängt der Druck vom Impuls und der Teilchendichte ab. In der oberen Atmosphäre herrscht zwar hohe Temperatur aber ein niedriger Luftdruck.

Temperatur und Druck sind so genannte **Zustandsgrößen**. Sie charakterisieren das System. Genauer gesagt sind sie **intensive Zustandsgrößen**, weil sie in jedem Punkt enthalten sind. Wenn man zwei Systeme mit gleicher Temperatur oder Druck verbindet, so bleiben diese Werte erhalten. Der Mittelwert hat sich nicht geändert. Beispiele für **extensive Zustandsgrößen** wären hingegen das Volumen oder die innere Energie, beim Zusammenschluss zweier Systeme addieren sich die Werte.

Energieaustausch

Mit dem Druck und der Temperatur haben wir nun zwei wichtige intensive Zustandsgrößen besprochen. Beide Größen haben eine starke Verbindung zu den Prozessgrößen Arbeit und Wärme.

Druckdifferenz und Arbeit

Bei der Arbeit gibt es eine Druckdifferenz zwischen System und Umgebung. Da der Druck definiert ist als Kraft pro Fläche, bedeutet dies, dass es eine Kraftdifferenz gibt, welche zu einer Veränderung des Volumens führt. Die Arbeit ist dann definiert als das Produkt von Druck und Volumen, oder gleichbedeutend Kraft mal Weg.

Temperaturdifferenz und Wärme

Bei der Wärme gibt es eine Temperaturdifferenz zwischen System und Umgebung. Diese gleicht sich aus, so dass am Ende das System dieselbe Temperatur wie die Umgebung hat. Beim Ausgleich wird die sogenannte Wärmeenergie übertragen.

Energiebilanz

Arbeit und Wärme sind Formen des Energietransfers von System und Umgebung. Sie stellen bestimmte Arten der Energieübertragung dar und besitzen beide die Einheit der Energie. Wir können also eine Bilanz aufstellen.

Die innere Energie ist eine extensive Zustandsgröße, welche im System erhalten bleibt, wenn keine Änderungen durch Prozessgrößen wie Wärme und Arbeit erfolgen.

Diese Prozessgrößen hängen dabei eng mit den intensiven Zustandsgrößen des Systems (Temperatur oder Druck) zusammen, welche Durchschnittswerte angeben. Wenn die intensiven Größen von System und Umgebung abweichen, dann gleichen sie sich aus. Dabei entsteht ein Energiefluss in das System hinein oder aus ihm hinaus, welcher die innere Energie entsprechend ändert.

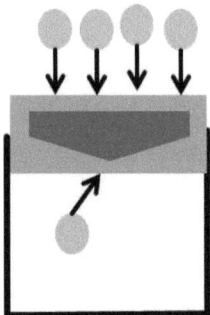 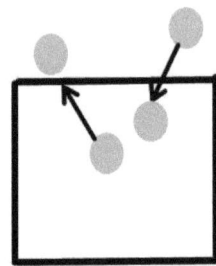

Abbildung 15: Arbeit bedeutet, dass durch eine Druckdifferenz das Volumen verändert wird. Wärme ist eine Energieübertragung, die durch eine Temperaturdifferenz entsteht.

6.2 Die Temperatur der Organisation

Die Betriebstemperatur

Organisationen besitzen innere Energie, die sich auf viele Freiheitsgrade verteilen kann. Dies entspricht den zahlreichen Bewegungen, Rotationen und Vibrationen, die nicht zur Gesamtbewegung der Organisation beitragen.

Wie kann man sich die Betriebstemperatur vorstellen? Wie in der Physik geht es um den Anteil der durchschnittlichen inneren Energie, die in eine bestimmte Richtung zeigt.

Da sich die Organisation im Raum der Kennzahlen befindet, bedeutet es, dass die Betriebstemperatur derjenige Teil der durchschnittlichen inneren Energie ist, der sich auf eine bestimmte Kennzahl bezieht.

Die Temperatur besagt dabei, wie stark die durchschnittlichen Streuungen einer Abteilung bezüglich einer Geschwindigkeit-Koordinate sind (etwa Gewinn/Mitarbeiter/Jahr).

Hohe Betriebstemperaturen zeigen, dass es starke Abweichungen vom Mittelwert gibt. Die eine Hälfte davon sind besser, die andere schlechter als der Durchschnittswert. Am Ende mittelt sich es natürlich heraus.

Wir haben allerdings auch schon gesehen, dass viele Freiheitsgrade nur Schwingungen darstellen. Wenn es viele dieser internen Freiheitsgrade gibt, ist die Temperatur geringer, und somit auch die Streuung in der jeweiligen Kennzahl geringer.

Druck

Auf eine Organisation wirken Kräfte von verschiedenen Seiten der Umgebung. Woher kommen diese Kräfte? Sie entstehen aus den Interaktionen mit Stakeholdern, also mit Kunden, Lieferanten, Investoren und Mitarbeitern. Bei diesen Interaktionen kommt es zu einem Austausch.

Kunden erwarten Produkte zu einem niedrigen Preis. Lieferanten wollen hingegen einen hohen Preis für Materialien und Werkzeuge erzielen. Mitarbeitende wollen ein hohes Gehalt, und Investoren eine hohe Rendite.

Nimmt man die aktuellen Preise, Gehälter und Renditen als Kennzahlen der Organisation, so sieht man, dass die Organisation nicht beliebige Orte einnehmen kann. Es gibt eine Grenze, welche durch die jeweiligen Stakeholder beeinflusst wird.

Betrachten wir die Kennzahlen als Intervall, dann ist offenbar die eine Seite begrenzt, die andere Seite nicht. Mitarbeitende nehmen gerne ein zu hohes Gehalt an, und auch Investoren freuen sich für unerwartet hohe Renditen. Der Raum in der Koordinate ist also ein halboffenes Intervall. Das ist vergleichbar mit der Atmosphäre der Erde, bei der die Gashülle nur von der

Unterseite begrenzt ist, auch bei den Weltmeeren ist die Unterseite begrenzt und der Druck von der Oberseite vernachlässigbar. Allerdings gibt es praktische Einschränkungen, da manche Kombinationen von hohen Kosten und Renditen bei niedrigen Preisen nicht realisierbar sind. Dadurch gibt es einen Menge von Kennzahlenkombinationen die realisierbar sind. Dieser Raum hat ein Volumen. Jeder der darin liegende Wert würde allen Stakeholdern gerecht werden und ist rein theoretisch machbar.

Natürlich kann die Organisation nicht alle Wünsche erfüllen und versucht, die Grenzen zu verschieben. Dasselbe versuchen die Stakeholder. Es wird von beiden Seiten Druck ausgeübt, bis sich die Drücke im Gleichgewicht befinden.

Energieaustausch

Was ist nun Arbeit? Der Druck der Märkte ist größer und die Organisation muss nachgeben, wodurch diese Kennzahlen zu ihren Ungunsten verschoben werden. Natürlich ist diese Situation unangenehm, und die Organisation hat erhöhten Stress, um allen gerecht zu werden. Dieser höhere Stress wird vom Vertrieb an die inneren Abteilungen weitergegeben, ähnlich wie der Weiterleitung des Druckes. Die technischen Abteilungen müssen sparen. Es wird nun intern ausgehandelt, wer wieviel beitragen muss. Am Ende gibt es auch hier ein Gleichgewicht.

Dieses Weiterleiten des Stresses erhöht auch die innere Energie der Organisation.

Wie sieht es mit der Wärme aus? Wärme ist eine Energie, die von außen kommt, und dazu führt, dass die ungerichtete innere Energie steigt. Der Grund ist die Temperaturdifferenz. Temperatur war ja ein Maß für die durchschnittliche Streuung einer Abteilung pro Kennzahl.

Wenn eine Abteilung sehr unterschiedliche Ergebnisse in der Qualität ihrer Zwischenprodukte hat, dann wirkt sich dies auch auf andere Abteilungen aus. Die Streuung wird übertragen und erzeugt Probleme in den anderen Abteilungen. Umgekehrt versuchen gut organisierte Abteilungen ihre internen Lieferanten zu erziehen. Über einen längeren Zeitraum gleichen sich so Abteilungen. Das ist gewissermaßen die Regression zur Mitte. Dasselbe

Phänomen gibt es auch in Teams, wo sich die Under- und Overperformer mehr am Durchschnitt orientieren (wenn auch aus unterschiedlichen Gründen).

Diese Beziehungen hat eine Organisation auch an der Außengrenze zu den Stakeholdern. Starke Schwankungen wirken sich aus und pflanzen sich fort. Dieser Effekt entspricht der Wärmeübertragung, der dafür sorgt, dass sich unterschiedliche Temperaturen (also Streuungen) angleichen.

6.3 Erkenntnisse

Die Thermodynamik führt zu einigen neuen Begriffen.

Die **Temperatur** ist die mittlere innere Energie, die sich auf eine durchschnittliche Kennzahl bezieht. Sie beschreibt als die Streuung der Abteilungen in einer Kennzahl.

Der **Druck** ist insbesondere bei der Interaktion mit den Stakeholdern wie Kunden, Lieferanten, Mitarbeitende und Investoren erkennbar. Sie ist einfach erkennbar an Kennzahlen wie Stückpreis, Gehältern oder Renditen, bei denen die Organisation und die Stakeholder die Werte in verschiedene Richtungen drücken wollen.

Arbeit entsteht durch eine **Druckdifferenz**. Wenn sich die oben genannten Kennzahlen verschieben, dann verringert sich der mögliche Bereich für die Kennzahlen, es verkleinert sich das Volumen. Dieser Außendruck wird nach innen weitergereicht, so dass auch der Innendruck steigt, und beide Seiten zum Ausgleich kommen.

Wärme entsteht durch eine **Temperaturdifferenz**, also durch eine unterschiedlich hohe Streuung bei den Beteiligten. Abteilungen mit hohen Qualitätsschwankungen erzeugen auch Schwankungen bei anderen. Umgekehrt versuchen Abteilungen mit wenig Ergebnisstreuung auf andere einzuwirken. Am Ende gleichen sich verschiedene Abteilungen auf einen Mittelwert an.

7 Entropie

Mit den Begriffen des letzten Kapitels sind wir bestens vorbereitet, um uns einem zentralen Begriff der Thermodynamik zu stellen: der Entropie.

Die Entropie wird oft verstanden als ein Maß für Unordnung. Der zweite Hauptsatz besagt, dass die Unordnung immer weiter steigt. Das kann jeder bestätigen, der in Organisationen arbeitet oder Kinder hat.

Nun könnte man sich fragen: Warum steigt denn die Unordnung? Wenn die Unordnung immer steigt, hört dies dann irgendwann auf, gibt es eine maximale Ordnung oder Unordnung? Wie ordentlich ist man eigentlich verglichen mit diesen Extremwerten? Und vor allem: Wie schafft man es, aus diesem Sog herauszukommen.

Um diese Fragen zu beantworten, müssen wir das Wesen der Entropie einmal genauer ansehen, um sie und einige weitere, sehr wertvolle Begriffe übersetzen zu können.

7.1 Die Entropie in der Physik

Die Entropie ist ein schillernder Begriff. Man verwendet sie in der Informationstheorie, aber auch in der Thermodynamik. In der Thermodynamik gibt es zwei unterschiedliche Definitionen. Wir werden alle drei Varianten einmal durchgehen. Die erste Variante stammt aus der Informationstheorie, und somit aus der Mathematik.

Mikro- und Makrozustände

Starten wir also mit dem einfachsten Beispiel aus der Kombinatorik. Wir werfen eine Münze. Das Ergebnis kann dabei entweder Kopf (K) oder Zahl (Z) sein. Beides tritt mit der Wahrscheinlichkeit 50% auf.

Wieviele mögliche Ergebnisse gibt es, wenn man 10 Münzen gleichzeitig wirft? Es sind $|\Omega| = 2^{10} = 1024$.

Nun sehen wir uns an, wie viele Möglichkeiten es gibt, dass bei einem Wurf genau k mal Kopf auftritt. Das sind $\binom{10}{k}$ Möglichkeiten. Die Anzahl der Möglichkeiten, dass 0 mal Kopf auftritt, also alles Zahl ist, ist $\binom{10}{0} = 1$. Es gibt auch nur eine einzige Möglichkeit, dass alles Kopf ist, also $\binom{10}{10} = 1$. Jedoch gibt es $\binom{10}{5} = \frac{10\cdot9\cdot8\cdot7\cdot6}{1\cdot2\cdot3\cdot4\cdot5} = 252$ Möglichkeiten, dass es genauso oft Kopf wie Zahl gibt.

In der Begriffswelt der statistischen Physik entspricht das einzelne Ergebnis einem **Mikrozustand**. Es gibt bei unserem Beispiel also insgesamt 2^{10} Mikrozustände.

Das Ereignis „X=k", dass das Ergebnis Kopf genau k mal auftritt, ist ein **Makrozustand**. Es gibt also den Makrozustand „X=5", zu dem 252 Mikrozustände gehören, und einen anderen Makrozustand „X=0", der nur einen Mikrozustand hat. Die Anzahl der zu einem Makrozustand gehörenden Mikrozustände spiegeln seine Wahrscheinlichkeit wider.

$$P(X = 5) = \frac{252}{1024}, \ P(X = 0) = \frac{1}{1024}, P(0 \le X \le 10) = \frac{1024}{1024} = 1.$$

Bei der **Entropie H in der Informationstheorie** geht es nun um die Frage, wie viele Mikrozustände ein Makrozustand hat. Da die Zahl sehr groß werden kann, bildet man immer den Logarithmus. Informatiker verwenden natürlich den Logarithmus zur Basis 2.

$$H(0 \le X \le 10) = ld \ 2^{10} = 10 \cdot ld2 = 10.$$

Wie sieht die Entropie der anderen Makrozustände aus?

$$H(X = 0) = ld \ \binom{10}{0} = ld \ 1 = 0$$

$$H(X = 5) = ld \ \binom{10}{5} = ld \ 252 \cong ld \ 256 = ld \ 2^{8} = 8$$

Die Entropie eines Systems in einem Makrozustand beschreibt also logarithmisch die Anzahl der dazugehörigen Mikrozustände. Je höher die Entropie, desto wahrscheinlicher findet man den Makrozustand vor. Erhöht sich die Entropie um Eins, dann gibt es doppelt so viele Mikrozustände. Der dazugehörige Makrozustand ist doppelt so wahrscheinlich wie der Vorherige.

Es geht hier also um Kombinatorik und um Wahrscheinlichkeitsrechnung. Wenn ein Makrozustand durch viel mehr Mikrozustände realisiert werden kann als alle anderen, dann hat er eine viel höhere Wahrscheinlichkeit angetroffen zu werden. Die Entropie gibt logarithmisch an, wieviele Mikrozustände zu einem Makrozustand gehören.

Entropie in der Thermodynamik

Die Definition der Entropie S in der Thermodynamik ist ein klein wenig anders als bei der Entropie H in der Informationstheorie. Das liegt vor allem daran, dass es um wesentlich mehr Teilchen geht als in dem Beispiel mit den 10 Münzen.

Die Entropie S in der Thermodynamik ist wieder ein logarithmisches Maß für die Anzahl der möglichen Mikrozustände Ω, welche zum aktuellen Makrozustand passen.

$$S = k_B \cdot \ln |\Omega|$$

Da es sich um sehr viele Teilchen handelt, ist diese riesige Zahl selbst nach Bildung des natürlichen Logarithmus immer noch zu groß und wird daher noch mit der Boltzmann-Konstante $k_B = 1{,}38 \cdot 10^{-23} \frac{J}{K}$ multipliziert, wodurch auch die Entropie S die Einheit Joule/Kelvin erhält.

Sehen wir uns die Formel genauer an. Es gibt hier $|\Omega|$ Möglichkeiten, die Energie auf die verschiedenen Teilchen und deren Freiheitsgrade zu verteilen, damit man makroskopisch genau die beobachtete innere Energie, Temperatur und Druck erhält.

Die Entropie gibt auch hier ein Maß für die Ambiguität oder Uneindeutigkeit an. Sie zeigt an, wieviel Information fehlt, um von bekannten Makrogrößen auf den richtigen Mikrozustand schließen zu können. Je höher die Anzahl der Mikrozustände, desto höher ist die Wahrscheinlichkeit und desto höher ist die Entropie.

Bei hoher Entropie gibt es sehr viele mögliche Mikrozustände, bei niedriger Entropie nur wenige, bei der Entropie Null nur einen einzigen. Dadurch ist der Makrozustand A mit hoher Entropie viel wahrscheinlicher als ein Makrozustand B mit niedriger Entropie. Bei großen Systemen ist der Effekt so stark, dass man im eingeschwungenen Zustand nur noch einen einzigen Makrozustand beobachten kann.

Entropie - Makroskopisch

Wir haben nun die statistische Definition der Entropie kennengelernt. In der klassischen Thermodynamik wird derselbe Begriff anders eingeführt.

Die Entropieänderung wird definiert als Verhältnis der reversibel zugeführten Wärme und der absoluten Temperatur.

$$dS = \frac{Q_{rev}}{T}$$

Reversibel sind dabei nur kleine Änderungen, die sofort wieder rückgängig gemacht werden können.

Diese Entropieänderung macht sich beispielsweise beim Schmelzen oder Sieden bemerkbar. Bei diesen Phasenumwandlungen wird zwar Wärme von außen zugeführt, aber die absolute Temperatur ändert sich nicht.

Beim Schmelzen von 1 mol Eis zu Wasser bei 0°C = 273 K mit einer Wärmeenergie von 273 J erzeugt man exakt die Entropieänderung

$$dS = 1\,JK^{-1}mol^{-1}$$

Bei der Zuführung der Wärme erhöht sich die innere Energie und somit die mittlere kinetische Energie. Warum erhöht sich beim Schmelzen die Temperatur nicht? Es liegt daran, dass bei dieser Temperatur neue Freiheitsgrade entstehen. Wassermoleküle sind nicht mehr im Gitter des Eiskristalls gefangen, sondern können sich freier bewegen. Beim Schmelzen wird die Energie auf diese neuen Freiheitsgrade verteilt. Es entstehen Rotationen und Vibrationen, die nichts zur Temperatur beitragen. Wenn das

Eis geschmolzen ist, dann steigt die Temperatur wieder (mit erhöhter Wärmekapazität)

Diese klassische Definition der Entropie besagt also, dass sich zugeführte Energie auf verschiedene Freiheitsgrade verteilt. Wenn die Temperatur als mittlere kinetische Energie pro Freiheitsgrad konstant bleibt, dann müssen offenbar neue Freiheitsgrade dazugekommen sein.

Da wir die Entropie nun von allen Seiten beleuchtet haben, können wir nun zu den zentralen Aussagen der Thermodynamik kommen.

Die vier Hauptsätze der Thermodynamik

Analog zu den Newton'schen Gesetzen gibt es die vier Hauptsätze der klassischen Thermodynamik.

Der **Nullte Hauptsatz** besagt: Wenn zwei Körper A und B dieselbe Temperatur haben, und B und C dieselbe Temperatur haben, dann haben auch A und C dieselbe Temperatur. Die Temperatur ist also eine Äquivalenzrelation.

$$T(A) = T(B), \quad T(B) = T(C) \implies T(A) = T(C)$$

Der **erste Hauptsatz** entstammt der Energieerhaltung. Die innere Energie eines isolierten Systems bleibt erhalten.

$$\frac{dU}{dt} = 0$$

Der erste Hauptsatz besagt also, dass sich innere Energie nur ändert, wenn es einen Energieaustausch des Systems mit der Umgebung gibt. Er folgt direkt aus dem Energieerhaltungssatz. Ein Beispiel ist die Energieübertragung durch Arbeit oder Wärme.

Der **zweite Hauptsatz** besagt, dass die Entropie eines isolierten Systems nicht abnehmen kann.

$$\frac{dS}{dt} \geq 0$$

Der **dritte Hauptsatz** besagt, dass die Entropie am absoluten Nullpunkt ebenfalls gleich Null ist.

$$T = 0 \implies S = 0$$

Sehen wir uns den zweiten Hauptsatz etwas genauer an. Er besagt, dass die Entropie eines isolierten Systems ständig zunimmt, bis ein Maximum erreicht ist.

Warum steigt nun die Entropie? In einem thermodynamischen System stoßen ständig Moleküle zusammen und übertragen dabei Energie. Manche Moleküle werden schneller, manche werden langsamer. Man hat nun einen anderen Mikrozustand, der vielleicht zu einem anderen Makrozustand gehört.

Ähnlich wie beim Werfen von Münzen nimmt das System die wahrscheinlicheren Makrozustände an. Je größer das System ist, desto dominanter ist ein einziger Makrozustand. Genau dieser wird nach längerer Zeit eingenommen. Diesen Zustand nennt man dann den Gleichgewichtszustand, da er sich nicht mehr ändert. Er hat die maximale Entropie, also die höchste Wahrscheinlichkeit.

Stellen wir uns einmal ein Stück Metall vor. Es ist möglich, dass die linke Seite glüht und die rechte Seite den absoluten Temperaturnullpunkt hat. Allerdings stoßen ständig Teilchen aneinander und übergeben dann Impuls und Energie. Es wäre rein theoretisch möglich, dass trotz alledem die Temperatur links und rechts unterschiedlich ist. Aber es ist extrem unwahrscheinlich. Es gibt hingegen wesentlich mehr Möglichkeiten, die Energie auf beide Seiten gleichmäßig zu verteilen. Dieser wahrscheinlichste Zustand wird irgendwann auch angenommen. Das ist auch der tiefere Grund, warum sich die Temperaturen ausgleichen und die Energie von der einen zur anderen Seite fließt.

Die Entropieerhöhung ist nicht nur die Ursache für den Energiefluss, sondern auch für die Fluss von Materie. Bringt man zwei Flüssigkeiten zusammen, vermischen sie sich, da es mehr Mikrozustände gibt, bei denen sie vermischt sind, als jene, bei denen sie getrennt sind.

Das Anstreben einer höheren Entropie ist also sowohl der Auslöser dafür, dass Energie von einem Ort zum anderen übertragen wird, als auch dass sich Konzentrationen ausgleichen. Das geht immer so lange, bis der Makrozustand mit höchster Entropie erreicht ist: der **Gleichgewichtszustand.**

Die Boltzmann-Verteilung

Sehen wir uns den Gleichgewichtszustand einmal etwas genauer an. Es ist der wahrscheinlichste Makrozustand eines Systems, und damit am interessantesten. Wie ist die innere Energie hier verteilt?

Nehmen wir N Teilchen mit der Gesamtenergie E. Jedes Teilchen enthält einen Teil dieser Energie. Sagen wir, es gebe nur k verschiedene Energielevel e_1 bis e_k die ein Teilchen einnehmen kann. Dabei ist $N = \sum n_j$ die Gesamtteilchenzahl und $E = \sum e_j n_j$ die Gesamtenergie.

Wie viele Möglichkeiten gibt es, die Gesamtenergie E auf die N Teilchen zu verteilen?

Die Boltzmann-Verteilung besagt nun, dass in einem sehr großen System im Gleichgewichtszustand folgendes Verhältnis gilt:

$$\frac{n_i}{N} = \frac{1}{q} \cdot \exp\left(-\frac{e_i}{k_B T}\right), \quad wobei \quad q = \sum_j \exp\left(-\frac{e_j}{k_B T}\right)$$

Dabei ist k_B wieder die Boltzmann-Konstante und T die absolute Temperatur.

Gehen wir diese Formel einmal Schritt für Schritt durch. Der Anteil der Teilchen $\frac{n_i}{N}$ der das Energieniveau e_i besitzt, ist proportional zu dem Ausdruck in der Exponentialfunktion. Man kann $\frac{n_i}{N}$ auch als die Wahrscheinlichkeit interpretieren, dass man bei der zufälligen Auswahl eines Teilchens, eines mit der Energie e_i erhält. Man sieht an der Exponentialfunktion, dass diese Wahrscheinlichkeit umso niedriger ist, je größer e_i ist. Deshalb gibt es nur wenige Teilchen, die hohe Energien haben, aber viele mit geringer Energie.

Die genaue Verteilung hängt nur von einer einzigen Größe ab: der Temperatur T. Erhöht man nun die Temperatur T, dann erhöht man den Anteil der hohen Energiebeiträge und folglich auch den Durchschnittswert.

Der Vorfaktor q ist die Normierung, so dass die Summe der Wahrscheinlichkeiten genau 1 ist.

Innerhalb des Gleichgewichtszustands ist dies die wahrscheinlichste Verteilung. Wie wissen allerdings nichts über die Mikrozustände, weil diese sich mit jeder Kollision ändern.

Die Boltzmann-Verteilung basiert rein auf Kombinatorik. Es gibt wenige Objekte mit hoher Energie, aber viele mit niedriger Energie. Die Verteilung hängt von einem einzigen Parameter ab: der Temperatur.

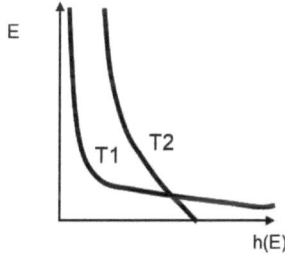

Abbildung 16: Die Boltzmann-Verteilung zeigt die Häufigkeit der Belegung von Energieniveaus abhängig von der Temperatur. Bei der hohen Temperatur T2 sind die hohen Energieniveaus stärker belegt als bei der niedrigen Temperatur T1.

Freie Energie

Wir wissen nun, dass die Entropie eines Systems immer weiter steigt, bis der Gleichgewichtszustand erreicht wird. Während dieser Entwicklung verändert sich das System, danach nicht mehr. Dieses Vermögen, sich zu verändern, kann man auch quantifizieren. Es ist die Gibbs-Energie eines Systems. Sie zeigt an, wie weit man noch vom Gleichgewichtzustand entfernt ist.

Ein System mit der inneren Energie U besitzt eine bestimmte Anzahl von Teilchen N, ein Volumen V und eine Entropie S. Es herrscht der konstante Druck p und die konstante Temperatur T.

Wie haben bereits gesehen, dass bei dem konstanten Außendruck p die Arbeit $W = -p \cdot dV$ abgegeben wird, um einen Volumenzuwachs dV zu erreichen. Man kann sich nun fragen, wieviel Arbeit nötig war, um vom Volumen Null zum aktuelle Volumen zu kommen? Es ist $W = -pV$. Die innere Energie nimmt bei der Ausdehnung ab, daher ist der Wert negativ. Wenn keine Energie von außen kommt, dann ist also ein Teil der inneren Energie dafür verantwortlich, das aktuelle Volumen trotz des Außendrucks zu erhalten.

Wenn wir uns nicht für diesen Anteil der inneren Energie interessieren, der nur dazu dient, das Volumen zu erhalten, können wir die Enthalpie verwenden. Der Begriff ist gerade in der Chemie nützlich, wo man die Energie zur Ausdehnung von Flüssigkeiten manchmal ignorieren will. Man rechnet diesen Aspekt einfach heraus. Die **Enthalpie** ist:

$$H = U - W = U + pV$$

Ähnlich ist es bei der Temperatur und Entropie. Wieviel Wärme Q ist notwendig, um bei der Umgebungstemperatur T die hohe Anzahl der Mikrozustände mit der Entropie S aufzubauen? Es ist $Q = ST$.

Offenbar ist ein Teil der inneren Energie U notwendig, um das aktuelle Volumen und die aktuelle Entropie aufzubauen. Dieser Teil der inneren Energie ist nur für den Erhalt des Volumens und der Entropie zuständig und kann nicht für andere Aufgaben genutzt werden.

Wenn man diese Summanden von der inneren Energie abzieht, erhält man die **freie Enthalpie** G, die man auch **Gibbs-Energie** nennt.

$$G = U + pV - TS$$

Die Gibbs-Energie ist also der Teil der Energie, der noch nicht durch den Makrozustand erklärt werden kann. Da die Entropie S aber laufend steigt, verringert sich entsprechend die Gibbs-Energie G, bis sie Null ist. Dann ist die maximale Entropie erreicht und das System ist im Gleichgewichtszustand.

Noch ein Hinweis zur Namensgebung: Die Gibbs-Energie wird in der Physik als freie Enthalpie, in der Biologie oft als **freie Energie** bezeichnet. Wir verwenden hier die Bezeichnung ab hier die Bezeichnung freie Energie.

Die freie Energie ist also der Anteil der inneren Energie, der für Veränderungen (frei) zur Verfügung steht. Wenn die freie Energie gleich Null ist, gibt es keine makroskopisch beobachtbaren Veränderungen mehr, und der Gleichgewichtszustand ist erreicht. In einem isolierten System sinkt die freie Energie permanent, weil die Entropie steigt. Das geschieht so lange, bis die freie Energie gleich Null ist, und die maximale Entropie erreicht ist. Um weitere freie Energie zu erhalten, muss sie also von außen importiert werden.

7.2 Die Entropie der Organisation

Entropie in der Organisation

Was ist nun die Entropie in Organisationen? Erinnern wir uns: Die Entropie ist ein Maß dafür, auf wieviele Arten ein System realisiert sein kann, von dem man makroskopisch bestimmte Eigenschaften kennt.

Was wäre ein Makrozustand? Ein Makrozustand wäre etwa, dass die Organisation einen bestimmten Gewinn X erzielt. Jede Art, wie in der Organisation gearbeitet werden kann, wäre dann ein Mikrozustand.

Natürlich hängen beide Ebenen zusammen. Viele Arten zu arbeiten, also viele Mikrozustände, führen zum selben Makrozustand und damit zum gleichen Gesamterfolg.

Allerdings gibt es eine wesentlich höhere Anzahl von Möglichkeiten, erfolglos zu bleiben und keinen Gewinn zu erzielen, als solche Möglichkeiten, die zu einem herausragenden Gewinn führen. Je höher der angestrebte Gewinn ist, desto weniger Möglichkeiten gibt es, diesen zu erreichen.

Die Wahrscheinlichkeit keinen oder wenig Gewinn zu machen, ist daher höher, als einen hohen Gewinn zu erzielen. Es gibt einfach zu viele Möglichkeiten etwas falsch zu machen.

Ein einfaches praktisches Beispiel ist die Dateiablage. Es gibt nur wenige Möglichkeiten, Dateien korrekt zu benennen, zu versionieren, und am richtigen Ort abzulegen, aber viel mehr Möglichkeiten es falsch zu machen. Wenn ein neuer Mitarbeiter eine Datei ablegt, sind die Mikrozustände, also die Arten der Benennungen und die Ablageorte alle gleich wahrscheinlich. Aber der Makrozustand „richtig benannt und abgelegt" hat eben weniger Mikrozustände als der Makrozustand „Datei ist falsch benannt oder abgelegt".

Derartige Phänomene sammeln sich in einer Organisation, so dass auch der Makrozustand „hoher Gewinn" unwahrscheinlicher ist als „niedriger Gewinn".

Die Entropie eines Makrozustandes der Organisation ist nun ein logarithmisches Maß für die Anzahl dieser Möglichkeiten.

Entropie und Varietät

In der Komplexitätstheorie wird auch der Begriff Varietät anstatt von Entropie verwendet. Die Varietät gibt ebenfalls logarithmisch die Anzahl der Möglichkeiten an. Ashby hat gezeigt, dass es notwendig ist, eine bestimmte interne Varietät zu besitzen, um auf die Varietät der Außenwelt reagieren zu können. Nur Varietät kann Varietät absorbieren. In diesem Sinne ist eine hohe Entropie also nicht immer schlecht. Im Viable System Model von Stafford Beer geht es dann genau um die Frage, wie diese Varietät gesteuert werden kann. Wann braucht eine Teilorganisation viele Freiheitsgrade, wann sollte alles sehr strikt und optimiert sein. Diese spannende Frage ist aber wohl Thema für ein anderes Buch.

Entropie der Organisation von einer anderen Seite betrachtet

Erinnern wir uns an die andere Definition der Entropie. Eine Entropieänderung entspricht auch dem Verhältnis der zugeführten Energie zur Temperatur. Wir hatten gesehen, dass beim Schmelzen die Temperatur gleich bleibt, und sich die Anzahl der Freiheitsgrade erhöht.

In einer Organisation merkt man manchmal, dass das Zuführen von Energie nichts bewirkt. Woran liegt das? Vielleicht werden gerade neue Freiheitsgrade erschlossen, auf die sich die Energie verteilt.

Das ist beispielsweise der Fall, wenn neue Mitarbeiter in ein Team kommen. Der Output steigt aber trotzdem nicht. Wo ist die Energie geblieben? In den neu geschaffenen Freiheitsgraden der Rotationen und Vibrationen. Größere Teams müssen sich erst einmal finden, und beschäftigen sich mit sich selbst.

Denken wir noch einmal an das Beispiel der Wärmekapazität zurück. Wir haben 40 Stunden gearbeitet und dabei im Durchschnitt 4 Stunden für ein Ziel gearbeitet. Die Wärmekapazität hatte den Wert 10. Jetzt wird umorganisiert. Jeder hat andere Zuständigkeiten bekommen. Man kennt seine neuen Kollegen noch nicht. In der nächsten Woche arbeiten wir dann 60 Stunden, aber es sind trotzdem nur 4 Stunden pro Ziel herausgekommen. Woran liegt das? Es gab neue Aufgaben. Wir musste erst einmal jeden kennenlernen. Das hat die Anzahl der internen Freiheitsgrade erhöht. Diese binden Energie, die nicht nach außen sichtbar ist.

Der zweite Hauptsatz für Organisationen

Der zweite Hauptsatz der Thermodynamik für Organisationen besagt, dass die Entropie immer weiter steigt bis der Gleichgewichtszustand erreicht ist.

Dieser Satz gilt aber nur dann, wenn die Organisation isoliert ist, also keinen Energieaustausch mit der Umwelt hat. Das ist praktisch nie der Fall, weil Organisationen ständig mit Menschen und anderen Organisationen wie Kunden, Lieferanten und Investoren interagieren. Aber wir haben ja schon mehrfach gesehen, dass es wichtig ist, mit idealisierten Bedingungen zu beginnen, um die realen Phänomene daran zu spiegeln und besser bewerten zu können.

Warum steigt die Entropie? Es liegt einfach daran, dass die Makrozustände mit höherer Entropie wahrscheinlicher sind.

Gehen wir zurück zu unserer Dateiablage. Endlich ist sie mal aufgeräumt. Alles ist perfekt abgelegt. Geradezu einmalig perfekt. Die Entropie ist also gleich Null, weil es nur einen Zustand der Perfektion gibt, und der Logarithmus von Eins gleich Null ist. Nun kommen die lieben Kollegen und legen wieder munter neue Dateien ab. Die Entropie steigt wieder an.

Natürlich werden die Dateien in der Realität nicht zufällig abgelegt. Es kostet aber Energie, diese Regeln zu formulieren, sie zu vermitteln, und dafür zu sorgen, dass sie beachtet werden. Wenn man diese Energie aufbringt, steigt die Entropie langsamer an. Das Aufräumen selbst hat ebenfalls Energie gekostet und offenbar sogar die Entropie reduziert. Es kostet immer Energie, der steigenden Entropie entgegenzuwirken.

Verteilung

Betrachten wir eine große, eingeschwungene Organisation im Gleichgewichtszustand, die ein bestimmtes Maß an innerer Energie hat. Wie ist diese Energie auf die Mitarbeiter verteilt? Wie kann man das ausdrücken?

Da die Boltzmann-Verteilung eine rein mathematische Aussage ist, die nicht aus der Beobachtung der Natur stammt, können wir sie gut übertragen.

Sie untersucht ein System mit einer inneren Energie E und N Komponenten, und fragt sich, wie sich die Energie im Gleichgewichtszustand auf diese Komponenten verteilt. Dabei wird ständig Energie zwischen den Komponenten übertragen. Es gibt auch eine minimale Energie, die nicht unterschritten werden kann.

Für uns ist das System die Organisation und die Komponenten sind die Abteilungen, Teams oder Rollen. Die Boltzmann-Verteilung besagt, dass nur wenige Komponenten eine sehr hohe Energie haben, und sehr viele eine niedrige oder minimale Energie.

Erinnern wir uns nochmal an die Definition der inneren Energie. Wir haben sie als Streuung der Geschwindigkeiten relativ zum Durchschnitt interpretiert. Somit bedeutet Boltzmann, dass die meisten Abteilungen eine niedrige Energie haben und somit nahe am Durchschnitt liegen. Es gibt wenige, die stark vom Durchschnitt abweichen. Das gilt allerdings für beide Seiten, also sowohl für die Underperformer als auch für die Overperformer.

Die Boltzmann-Verteilung zeigt auch, dass das genaue Verhältnis dieser Gruppen von einem einzigen Parameter abhängt, der Temperatur. Nennen wird das für den Fall der Organisation einmal Betriebstemperatur.

Je höher die Betriebstemperatur, desto größer ist der natürlich die Streuung, und desto größer ist der Anteil der Abteilungen, die weit vom Durchschnitt liegen. Dabei sind beide Seiten interessant. Bei den Underperformern gibt es die Möglichkeit etwas zu vebessern. Bei den Overperformern kann man bestehende Grenzen überwinden und etwas Neues schaffen.

Egal wie hoch diese Betriebstemperatur aber auch ist. Es gibt auch im Gleichgewichtszustand immer eine Verteilung, und manche Teile tragen mehr interne Energie als andere.

Freie Energie

Wir haben den Begriff der freien Energie kennengelernt. Es ist der Teil der inneren Energie, der noch nicht im Gleichgewicht und daher nutzbar ist.

Die freie Energie ergibt sich daraus, wenn man von der inneren Energie zwei Terme abzieht.

Erstens müssen Organisationen dem Druck der Außenwelt, also insbesondere den Erwartungen der Stakeholder widerstehen. Investoren wollen immer mehr Rendite, Kunden niedrigere Preise, Lieferanten höhere Preise, Mitarbeitende höhere Gehälter. Für diese Kennzahlen gibt es also einseitige Begrenzungen durch die Stakeholder. In den verschiedenen Märkten kommt es zu Marktpreisen. Hier sind die Kräfte der Partner im Gleichgewicht. Die Organisation braucht Energie, um den Bereich ihrer erlaubten Kennzahlenwerte auszudehnen.

Zweitens besitzen Organisationen eine bestimmte Komplexität. Sie muss manövrierbar sein, und braucht daher eine Vielfalt von Möglichkeiten, um zum Ziel zu kommen. Sie braucht also eine bestimmte Entropie.

Von der Gesamtenergie einer Organisation muss man also den Anteil abziehen, der notwendig ist, um den Marktdruck standzuhalten und die innere Vielfalt aufrechtzuerhalten. Denn dieser Teil erhält nur den Status Quo im aktuellen Umfeld. Er erlaubt lediglich das Business as usual.

Die restliche Energie ist dann die freie Energie, mit der die Organisation etwas Neues schaffen und sich verändern kann.

Vermutlich kennen Sie das. Ein Großteil der Energie wird dafür verwendet, den Anforderungen der Stakeholder zu entsprechen, und halbwegs arbeitsfähig zu sein. Nur ein kleiner Teil ist wirklich frei.

7.3 Erkenntnisse

Organisationen sind komplex, und man kann als Außenstehender nur wenige Aspekte beobachten. Diese voneinander unterscheidbaren Zustände sind die **Makrozustände**. Diese haben jeweils eine unterschiedliche Anzahl von Realisierungen, die **Mikrozustände**.

Die **Entropie** ist ein logarithmisches Maß für die Anzahl der Mikrozustände und somit der Ambiguität, die zu einem Makrozustand gehören. Bei Organisationen beschreibt sie die Anzahl der möglichen Vorgehensweisen, die am Ende zum selben Ergebnis führen. Eine hohe Entropie bedeutet, dass man praktisch viele Handlungsalternativen hat. Bei niedriger Energie gibt es nur sehr wenige Möglichkeiten. Die Entropie für den Makrozustand „hoher Gewinn" ist deshalb viel niedriger als für den Makrozustand „niedriger Gewinn".

Der **zweite Hauptsatz der Thermodynamik** besagt, dass die Entropie in einem isolierten System nicht abnehmen kann. In anderen Worten: Ein System nimmt irgendwann seinen wahrscheinlichsten Makrozustand an. Dann ist er im Gleichgewicht.

Der **Gleichgewichtszustand**, ist derjenige Makrozustand, den man in den meisten Fällen beobachtet, wenn Business as usual herrscht.

Die -Verteilung zeigt nun, wie sich die innere Energie einer Organisation in Gleichgewichtszustand sich auf seine Abteilungen, Teams und Rollen verteilt. Viele davon haben wenig innere Energie und sind somit nahe am Durchschnitt. Hingegen haben wenige eine sehr hohe Energie, und sind dadurch weit weg vom Durchschnitt. Das gilt allerdings für Underperformer als auch für Overperformer, da es bei der Energie keine Rolle spielt, in welche Richtung man abweicht. Die genaue Verteilung hängt nur von einem einzigen Parameter ab: Der Temperatur. Wenn die Temperatur höher ist, steigt der Anteil derjenigen, die stark vom Durchschnitt abweichen.

Die **freie Energie** gibt an, wieviel Energie eine Organisation noch übrighat, um etwas Neues zu schaffen. Dieser Teil der Energie ist nicht notwendig, um die aktuelle Ausdehnung am Markt oder die aktuelle Eigenkomplexität aufrechtzuerhalten. Die schlechte Nachricht ist: Jede Organisation strebt den Gleichgewichtszustand an, bei dem genau diese freie Energie gleich Null ist. Genau dies ist das thermodynamische Equilibrium, auch bekannt als Wärmetod. Das heißt, eine Organisation dehnt sich auf neue Märkte aus und erzeugt nebenher so viel innere Komplexität, bis sie handlungsunfähig wird. Warum tut sie das? Weil sie es kann. Es ergibt sich einfach aus dem Druck- und Temperaturausgleich. Die Konsequenz hieraus heißt, die Organisation muss ständig neue Energie importieren, um wieder handlungsfähig zu werden.

Noch eine Nachbemerkung:

Der zweite Hauptsatz deutet zwar darauf hin, dass die Entropie immer weiter steigt, und daher der unwahrscheinliche Fall des Erfolgs nicht eintritt. Das ist aber nur die halbe Wahrheit: Die wachsende Entropie ist nicht der Gegner der Ordnung, sondern ganz im Gegenteil: Sie ist auch die einzige Antriebskraft, die Ordnung schafft. Weil sie die einzige Antriebskraft überhaupt ist. Dazu muss die Kraft der Entropieerhöhung nur elegant umgeleitet werden, um eine negative Energieänderung zu erzeugen. Genau das ist die hohe Kunst aller Lebewesen. Doch dazu später.

8   Strukturen und Umwandlungen

Die Mechanik und die Thermodynamik erklären die Spielregeln, nach denen die Welt funktioniert. Aber erst mit dem Fokus auf Atome und Moleküle wird es richtig konkret. Hier manifestieren sich diese Spielgregeln.

Stabile Strukturen entstehen dadurch, dass Teilchen durch anziehende Kräfte zusammengehalten werden. Je stärker diese anziehenden Kräfte sind, desto stabiler sind die Strukturen.

In der Chemie ist es wichtig, die Stärke dieser Bindungen zu verstehen. Bei einer chemischen Reaktion muss immer erst eine bestehende stabile Struktur zerstört werden, bevor sich die Einzelteile zu einer anderen stabilen Struktur zusammenbauen können.

Diese Betrachtungsweise ist natürlich höchst relevant für Organisationen. Was sind stabile Strukturen? Wie stabil sind sie? Wie schafft man es, dass bei einer Veränderung auch wieder eine neue stabile Struktur entsteht, die nicht sofort wieder zerfällt.

Fangen wir also an, uns diese stabilen Strukturen einmal genauer anzusehen.

8.1   Die Strukturen und Umwandlungen in der Chemie

Strukturen

Materie ist aus Atomen aufgebaut. Die Atome selbst bestehen aus einem Atomkern und den Elektronen. Bevor wir uns die Frage stellen können, wie chemische Reaktionen ablaufen und wie schnell das ist, sollten wir uns fragen, was Atome oder Moleküle überhaupt stabil hält.

In der Natur gibt es vier bekannte Wechselwirkungen: Die starke und schwache Wechselwirkung, den Elektromagnetismus und die Gravitation. Diese vier Wechselwirkungen sind unterschiedlich stark und haben eine unterschiedlich starke Reichweite.

Die Protonen und Neutronen im Kern werden durch die starke Wechselwirkung zusammengehalten. Diese ist auf kurze Distanz vielfach stärker als der Elektromagnetismus. Deshalb bleiben die Protonen trotz abstoßender positiver Ladung zusammen. Ab einer bestimmten Ladung des Atomkerns zerfällt der Kern jedoch, da die Protonen zu weit voneinander entfernt sind, und hier die elektromagnetische Abstoßung stärker ist als die anziehenden Kräfte der starken Wechselwirkung.

Durch diese Anziehung der Protonen untereinander ist der Kern jedoch positiv geladen. Um dies auszugleichen, bildet sich die Hülle aus Elektronen, so dass das Atom als Ganzes ungeladen ist.

Die Gravitation hingegen ist deutlich schwächer als die anderen Kräfte. Durch die Gravitation ziehen sich Atome an, dennoch stürzen sie nicht ineinander, weil ab einen bestimmten Abstand die elektromagnetische Abstoßung der beiden Elektronenhüllen überwiegt. Hier stellt sich ein Gleichgewichtspunkt ein. Dadurch haben Atome in einem Festkörper einen bestimmten Abstand.

Es gibt anziehende und abstoßende Kräfte mit unterschiedlichen Stärken. Bei geschachtelten Systemen sind die kleinsten Komponenten am stabilsten, weil sie durch die stärksten Kräfte zusammengehalten werden. Höhere Systemebenen sind weniger stabil.

Wenn sich eine abstoßende und eine anziehende Kraft genau ausgleichen, gibt es in Summe keine Beschleunigung mehr und es wird ein fester Abstand eingenommen. Stabile Strukturen sind das Resultat von sich ausgleichenden Kräften.

Bindungen

Die Chemie untersucht größtenteils Strukturen wie Atome und Moleküle, welche durch die elektromagnetische Kraft zusammengehalten werden. Die starke und schwache Wechselwirkung im Atomkern spielt dabei meist genauso wenig eine Rolle wie die viel schwächere Gravitationskraft.

Obwohl der Elektromagnetismus hier die einzige Wechselwirkung ist, kann er dennoch Bindungen von unterschiedlicher Stärke erzeugen.

Am stärksten ist die Bindung der Elektronen an den Atomkern, welche die positive Kernladung ausgleicht.

Atome können sich auch zu Molekülen verbinden. Diese kovalenten Bindungen sind stark, können aber chemisch verändert werden.

Etwas schwächer sind dann die Bindungen zwischen den Molekülen. Sie entstehen durch die Partialladungen. Ein Beispiel ist die Wasserstoffbrückenbindung, bei der der Sauerstoff eines Wassermoleküls wegen seiner hohen Elektronegativität die Wasserstoffatome eines anderen Wassermoleküls anzieht. Diese Art der Anziehung zwischen Molekülen ist bereits deutlich schwächer. Beim Schmelzen von Eis oder beim Sieden von Wasser werden diese Bindungen aufgebrochen.

Selbst wenn es nur eine einzige Kraft gibt, kann diese eine fein abgestufte Wirkung haben. Die Abstufung ergibt sich daraus, dass sich die Kräfte auf den unteren Ebenen nicht exakt ausgleichen, und sich ein leichtes Ungleichgewicht ergibt.

Reaktionen

Die Atome in Molekülen werden durch kovalente Bindungen zusammengehalten. Die kovalenten Bindungen besitzen eine bestimmte Energie. Diese Energie ist unabhängig davon, auf welchem chemischen Wege das Molekül entstanden ist. Wenn man von den einzelnen chemischen Elementen ausgeht, kann man die Energien der Umwandlungen bis hin zum fertigen Molekül addieren. Diese Energie ist die **Standardbildungsenthalpie des Moleküls.** Sie ist eine Zustandsgröße und drückt aus, wieviel Energie in den Bindungen enthalten ist.

Bei der chemischen Reaktion werden nun diese kovalenten Bindungen verändert. Dies erfolgt nicht in einem Schritt, sondern folgt einem **Reaktionsmechanismus.** Da de Edukte meist in stabiler Form vorliegen, kostet es zunächst Energie, diese Stabilität aufzuheben. Moleküle geben Elektronen ab, oder nehmen Elektronen auf. Dadurch ergibt sich ein instabiler Zwischenzustand. Im zweiten Schritt werden aus diesem Zwischenzustand dann die Produkte gebildet.

Die Energie, die beim ersten Schritt benötigt wird, stammt aus der kinetischen Energie der Teilchen, die aufeinanderprallen. Dies zeigt auch den Zusammenhang mit der **Boltzmann-Verteilung**. Je höher die Temperatur ist, desto mehr Teilchen mit hoher Energie gibt es, und desto höher ist die Wahrscheinlichkeit, dass diese Energie ausreicht, um eine chemische Reaktion anzustoßen. Darum laufen chemische Reaktionen bei hohen Temperaturen schneller ab.

Schwache Bindungen

Neben den starken kovalenten Bindungen gibt es noch die Dipol-Dipol-Wechselwirkung.

Selbst wenn ein Molekül in Summe elektrisch neutral geladen ist, können die darin enthaltenen Einzelladungen ungleichmäßig verteilt sein. Die eine Seite des Moleküls ist etwas mehr negativ, die andere etwas mehr positiv. Es entsteht ein sogenannter Dipol.

Ein Beispiel ist das Wassermolekül. Im Molekül ist ein Sauerstoffatom mit zwei Wasserstoffatomen kovalent verbunden. Das Molekül ist elektrisch neutral. Durch die höhere Elektronegativität des Sauerstoffs hat das Wassermolekül auf der Seite des Sauerstoffs eine negative Partialladung, während bei den Wasserstoffatomen eine positive Partialladung vorliegt.

Durch diese Partialladungen ziehen sich benachbarte Moleküle an. Im Falle von Wasser nennt man das die Wasserstoffbrückenbindung. Eine derartige Bindung ist deutlich schwächer als eine kovalente Bindung innerhalb der Moleküle. Es braucht also deutlich weniger Energie, dieser Bindungen aufzubrechen.

Lange Polymere wie Proteine können sich durch ihre eigenen Partialladungen falten und dadurch eine definierte Form annehmen. Die Partialladungen an der Außenseite haben charakteristische Profile, an denen sich ein anderes Molekül andocken kann. Da die beiden Moleküle durch sehr viele nebeneinanderliegende Bindungen zusammengehalten werden, addieren sich die Bindungsstärken, und es ergibt sich in Summe eine etwas stärkere

Bindung. Dadurch werden Proteine temporär mit anderen Molekülen verbunden.

Dynamisches Gleichgewicht

Grundsätzlich können Prozesse wie chemische Reaktionen immer in beiden Richtungen erfolgen. Edukte verbinden sich zu einem Produkt. Gleichzeitig gibt es an anderer Stelle einen Zerfall eines Produkts in seine Komponenten.

Jede der beiden Richtungen erfolgt mit einer bestimmten Geschwindigkeit, die abhängig von den Konzentrationen ist. Je mehr Produkte es gibt, desto mehr kann auch zerfallen.

Wenn eine der beiden Geschwindigkeiten höher als die andere ist, entsteht in Summe ein Nettoumsatz. Dies geht so lange, bis die Geschwindigkeiten gleich groß sind. Dieser Punkt ist das dynamische Gleichgewicht. Es wird genauso viel in die eine Richtung umgewandelt, wie in die Rückrichtung. Die Konzentrationen verändern sich in Summe nicht mehr.

Dieses **Gleichgewicht** kann mehr auf der Edukt- oder der Produktseite liegen. Es beschreibt dann das Verhältnis von Edukten und Produkten, welches sich nach längerer Zeit einstellt und dann stabil bleibt. Der Gleichgewichtszustand besitzt die höchste Entropie und ist der Makrozustand mit der höchsten Wahrscheinlichkeit.

Wenn ein Mischungsverhältnis noch nicht im Gleichgewicht ist, dann nennt man die Veränderung in Richtung des Gleichgewichts **exergon** oder spontan. Veränderungen entgegen dieser Richtung nennt man **endergon**, also nicht spontan.

Exergone Prozesse finden deswegen spontan statt, weil dies die Entropie erhöht. Der zweite Hauptsatz der Thermodynamik besagt, dass die Steigerung der Entropie die treibende Kraft des Universums ist. Sie bewirkt das Ablaufen endergoner Reaktionen. Endergone Reaktionen hingegen erfordern ein Absenken der Entropie, was nicht ohne weiteres möglich ist.

8.2 Die Strukturen und Umwandlungen in der Organisation

Strukturen der Organisation

Organisationen bestehen aus Teams und Rollen, die von Menschen besetzt werden. Nun kann man in einer Organisation nicht alles beliebig verändern. Manche Veränderungen kosten mehr Energie als andere, weil die existierenden Strukturen durch starke Kräfte aufrechterhalten werden.

Sehr starke Kräfte gibt es etwa bei den Persönlichkeitsmerkmalen wie Intro- oder Extrovertiertheit. Es würde sehr viel Energie kosten, einen introvertierten Menschen zu einem Entertainer zu machen. Dasselbe gilt auch für andere Persönlichkeitsmerkmale.

Etwas schwächere Kräfte haben die Gewohnheiten von Menschen. Lange eingeübte Gewohnheiten kann man mit viel Geduld ändern. Es entstehen neue Gewohnheiten, die wieder stabil sind. (Der innere Schweinehund entspricht der Energiedifferenz eines stabilen Zustands zu einem instabilen Übergangszustand einer Veränderung)

Die Bindungen zwischen Menschen in einem Team sind nicht mehr ganz so stark. Die Bindungen der Teilorganisationen auf hoher Ebene oder zu Tochterfirmen desselben Konzerns werden zunehmend schwächer. Daher sind Reorganisationen oft leichter zu realisieren, als das Verhalten vieler Menschen zu ändern.

Wenn man in einer Organisation etwas verändern will, muss man diese stabilitätserhaltenden Kräfte aufheben, indem man genügend freie Energie einsetzt.

Bindungen

Was sind nun die Atome und Moleküle der Organisation? Wenn wir das von der Biologie-Übersetzung des Katalysators rückwärts denken, müssen die besten Arbeitsbedingungen so eine Struktur sein. Diese besteht wieder aus den Produktionsfaktoren Mensch, Maschine, Material und Methode.

Der Mensch existiert physisch als Materie, er kann Energie einbringen, und er ist Träger von Information. Daneben ist er natürlich lebendig.

Werkzeuge können unterschiedliche Charakteristiken besitzen. Ein Hammer besitzt weder Energie noch Information. Ein Platinen-Bestückungsautomat bringt hingegen Energie und Information ein.

Der Faktor Material kann auch Materie, Energie und Information beinhalten. Material ist einfach das, was in einem Prozess verändert wird. Lediglich die Methode ist reine Information, die natürlich mit oder ohne Energie auf einem physischen Datenträger gespeichert ist.

Nun kann man aus den Faktoren Mensch, Maschine und Methode einen Katalysator bauen, der, wenn das Material dazukommt, einen Prozess beschleunigt. Was sind nun die Energieniveaus?

Die praktisch unveränderlichen Merkmale von Menschen oder Werkzeugen sind ähnlich zu den Atomen. Sie werden normalerweise nicht verändert.

Sie können aber miteinander dauerhaft verbunden werden. Ein Mensch kann dauerhaft ein bestimmtes Know-How besitzen, einen festen Arbeitsplatz und einen Rechner mit installierter Software. Dieser Gesamtverbund entspricht eher der Ebene eines Moleküls. Man kann die Strukturen aufbauen und verändern, sie sollen dann aber langfristig stabil bleiben.

Die Verbindung der Menschen untereinander ist etwas instabiler. Auch der Fluss des Materials im Prozess ändert sich ständig. Dies sind bereits schwächere Bindungen.

Sehen wir uns die verschieden starken Bindungen einmal genauer an.

Veränderung von Strukturen

Was sind in einer Organisation Strukturen, welche von der Organisation verändert werden können, aber dennoch stabil sind? Gehen wir hier von den Arbeitsplätzen aus. Es geht um Menschen, welche Werkzeuge nutzen, um Material zu verarbeiten.

Nehmen wir als Beispiel eine Mitarbeiterin in einer Versicherung, die Anträge bearbeitet. Die Persönlichkeit der Mitarbeiter wird von der Organisation nicht verändert. Allerdings ist die Mitarbeiterin an einem persönlichen Arbeitsplatz. Sie hat einen Rechner mit Login und installierter Software. Außerdem besitzt die Mitarbeiterin viel Erfahrung mit den Prozessen und der Software.

All dies ist ein stabiler Verbund aus Mensch, Werkzeug und Methode. Es kostet freie Energie, diesen Verbund aufzubauen. Software wird installiert. Die Mitarbeiterin ausgebildet.

Wenn die Software eine gute Usability besitzt, und die Mitarbeiterin daran gewöhnt ist, passen die Denkstrukturen und die Benutzeroberflächen stark zusammen.

Dies ist eine starke Bindung, die über längeren Zeitraum stabil bleibt. Wenn nun die Software geändert wird, dann kostet es **freie Energie**, sich vom alten zu lösen, um dann wieder das Neue aufzubauen. Insbesondere die Dinge, die vorher gut liefen, und nach dem Umstieg nicht mehr gehen, tun weh. Nach einiger Zeit wird aber wieder eine neue stabile Umgebung errichtet.

Um diese Änderung zu bewerkstelligen, braucht man also **freie Energie**. Wenn alle Energie bereits aufgewandt wird, um den Status Quo zu erhalten, ist so eine Änderung schwer möglich.

Die Bindungen müssen also so stabil sein, dass sie nicht unabsichtlich zerstört werden können. Es sollte aber eine gewisse freie Energie bedürfen. Diese sollte wiederum nicht zu hoch sein, damit eine Veränderung nicht unmöglich gemacht wird.

Schwache Bindungen

Bleiben wir bei dem Beispiel der Mitarbeiterin in der Versicherung. Sie hat eine stabile Verbindung zu ihrem Arbeitsplatz und den Software-Werkzeugen.

Stelen wir uns vor, ein Kunde erscheint im Büro und will eine Versicherung abschließen. Dazu muss die Mitarbeiterin die Stammdaten des Kunden anlegen und die Vertragsdaten eingeben.

Diese Daten können zunächst in anderer Form vorliegen. Es kostet wieder freie Energie die Daten in die richtige Sequenz zu bringen. Am Ende hat die Mitarbeiterin die Daten im Kurzzeitgedächtnis, und sie stehen in den Feldern der Eingabemaske.

Jetzt ist die also die temporäre Verbindung zum Kunden aufgebaut. Vielleicht muss die Mitarbeiterin noch einmal bei der Kollegin nachfragen, was eine weitere temporäre Bindung ergibt. Natürlich bleibt die Mitarbeiterin mit ihrem Arbeitsplatz und der Software stabil, auch wenn ein Kunde gegangen ist. Sie darf die Daten wieder vergessen.

Die Gegenseitigkeit, mit der sich Kollegen aushelfen, ist ebenfalls eine schwache Bindung. In der Summe der schwachen Bindungen wird dadurch aber eine Organisation zusammengehalten.

Dynamisches Gleichgewicht

Auch in Organisationen finden Prozesse oft in beiden Richtungen statt. Wenn ein Mitarbeiter durch einen Lern-Prozess neue Informationen aufnimmt, so kann er das Wissen auch wieder vergessen.

Betrachtet man viele Mitarbeiter gleichzeitig, so gibt es eine Geschwindigkeit des Lernens und des Vergessens. An dem Punkt, an dem beide Geschwindigkeiten gleich hoch sind, befindet sich der Gleichgewichtspunkt, der sich langfristig einstellt. Der Gleichgewichtspunkt zeigt hier, wie viele Menschen ein bestimmtes Wissen haben.

Der Gleichgewichtspunkt ist zunächst stark auf der Seite des Nicht-Wissens. Das Verlernen passiert spontan, also exergon. Das Lernen hingegen ist kein spontaner Prozess, und somit endergon.

Leider ist dies der Normalfall. Das Aufbauen erfolgreicher Strukturen ist zunächst meistens endergon. Wenn es nicht so wäre, dann würden sich die besten Arbeitsbedingungen ja spontan einfinden, ohne dass man etwas tun muss. Wir werden später sehen, wie solche endergonen Prozesse trotzdem beschleunigt werden können.

8.3 Erkenntnisse

Bei Organisationen geht es um das Erzeugen und Verändern stabiler Strukturen. Die Strukturen werden durch Bindungen erhalten, die unterschiedlich stark sein können.

Es ist wie in der Chemie. Manche Strukturen wie der Atomkern werden von so starken Kräften zusammengehalten, so dass sie praktisch unveränderbar sind. Andere Wechselwirkungen wie die Gravitation sind zu schwach, so dass sie in den meisten Fällen auch ignoriert werden können.

Genauso kann man die Strukturen in Bindungen in Organisationen betrachten. Einzelne Persönlichkeitsmerkmale von Menschen, oder Eigenschaften von Werkzeugen können praktisch nicht geändert werden. Andere Bindungen sind wieder zu schwach. Es geht also um Bindungen mittlerer Stärke, die sowohl stabile Strukturen erzeugen, welche aber auch wieder verändert werden können.

Starke Bindungen braucht man, um Menschen, Werkzeuge und Wissen dauerhaft zusammenzuhalten. Mitarbeitende haben ihren Arbeitsplatz, Rechner mit Login und Software. Diese Struktur soll aufgebaut und dauerhaft stabil sein. Etwas schwächere Bindungen entstehen dadurch, wenn mehrere Menschen im Team arbeiten. Diese Bindungen sollen leichter zu ändern sein, um flexibel auf neue Herausforderungen zu reagieren.

Bei den verschiedenen Bindungen erkennt man sehr gut die Bedeutung von nicht-funktionalen Anforderungen. Die Usability einer Software bezieht sich darauf, möglichst einfach Verbindungen der Faktoren Mensch und Werkzeug herzustellen. Bei der Lernbarkeit geht es darum, dass ein Mensch schnell Wissen erwerben und sich dauerhaft merken kann. Die Interoperabilität von Systemen vereinfacht die Bindungen zwischen Werkzeugen. All dies dient dazu, stabile Strukturen aufzubauen. Natürlich erwartet man auch Flexibilität von Mitarbeitern und Werkzeugen. Dies bezieht sich darauf, bestehende Strukturen wieder auflösen und neue aufbauen zu können. Am Ende geht es darum, wie stabil eine Struktur ist. Es ist ein Kompromiss aus Stabilität und Veränderbarkeit.

9 Negative Entropie

Bis jetzt ging es nur darum, welche Strukturen überhaupt stabil sind, und dass man freie Energie benötigt, um sie zu ändern. Wir haben auch gesehen, dass es ein dynamisches Gleichgewicht zwischen Aufbau und Zerfall gibt, wobei die eigentliche Kraft des Universums, das Ansteigen der Entropie, alles in Richtung Zerfall führt.

Nun fokussieren wir uns auf die Geschwindigkeit der Prozesse. Wie schnell laufen Prozesse ab? Kann man die Geschwindigkeit beeinflussen? Wie schafft man es, auch nicht-spontane Prozesse ablaufen zu lassen?

In Organisationen ist diese Frage höchst relevant. Wenn eine Organisation sich verändern muss, dann soll dies auch schnell gehen. Zum anderen müssen in einer Organisation auch Prozesse laufen, die nicht von allein, also spontan ablaufen.

Die chemische Kinetik kann all diese Fragen beantworten.

9.1 Das Entstehen von Ordnung in Lebewesen

Kinetik

Wie schnell läuft eine chemische Reaktion ab? Das hängt davon ab, wie hoch die Konzentrationen der Produkte und Edukte sind und wie hoch die Temperatur ist.

Die **hohe Konzentration** führt dazu, dass die Teilchen einen kurzen Abstand haben, und sich somit häufiger treffen. Dies erhöht die Geschwindigkeit.

Die **hohe Temperatur** führt ebenfalls dazu, dass Teilchen sich schneller bewegen, und somit häufiger treffen. Außerdem besitzen sie beim Zusammenstoß eine höhere Relativgeschwindigkeit, also eine höhere kinetische Energie. Wir haben diese Verteilung bereits in der **Boltzmann-Verteilung** gesehen. Durch die höhere Geschwindigkeit haben die Teilchen beim Zusammenprall dann genügend kinetische Energie, um die existierenden stabilen Strukturen aufzubrechen und eine chemische Reaktion zu bewirken.

Die Geschwindigkeit von Prozessen hängt von der Temperatur und der Konzentration ab.

Leider nehmen Konzentrationen eher ab, weil die Erhöhung der Entropie für den Ausgleich aller Konzentrationsdifferenzen sorgt.

Die Erhöhung der Temperatur erhöht die Geschwindigkeit. Allerdings beschleunigt sie alle chemischen Reaktionen gleichermaßen. Das macht die Temperatur ungeeignet, um nur bestimmte Reaktionen anzustoßen. Wesentlich selektiver hingegen ist ein anderer Mechanismus.

Katalyse

Wie kann man eine chemische Reaktion sehr selektiv beschleunigen? Man braucht einen Katalysator. Dieser erhöht die Wahrscheinlichkeit, dass zwei Teilchen, die mit genügend Energie aufeinander zufliegen, auch im richtigen Winkel aufeinandertreffen, und eine Reaktion eingehen können.

Der Katalysator verbindet sich während der Reaktion kurzfristig mit den Edukten, bevor sie sich untereinander verbinden. Er ermöglicht dadurch einen anderen Reaktionsablauf, der weniger freie Energie benötigt. Wegen der Boltzmann-Verteilung gibt es dann viel mehr Edukte, welche die nötige Energie besitzen.

Das Besondere daran ist, dass Katalysatoren sehr spezifisch sind, und nur bei bestimmten Reaktionen wirken, bei anderen nicht. Deshalb kann die nötige Energie sehr zielgerichtet eingesetzt werden.

Zellen bauen Enzyme als Katalysatoren für jede ihrer chemischen Reaktionen. Viele der Enzyme sind auch individuell an- und abschaltbar. Auf diesem Weg kann eine Zelle genau festlegen, welche Reaktionen stattfinden sollen und welche nicht.

Ein Katalysator verändert aber trotzdem nicht den Gleichgewichtspunkt. Er beschleunigt sowohl die Vorwärts- als auch die Rückwärtsrichtung einer

Reaktion. Das führt also nur dazu, dass der Gleichgewichtspunkt schneller erreicht wird. Es laufen somit trotzdem nur spontane, also exergone Prozesse ab, bei denen freie Energie verkleinert wird. Endergone Prozesse laufen nicht ab.

Energetische Kopplung

Ein Katalysator kann also sehr spezifisch exergone Prozesse beschleunigen. In einer Zelle gibt es aber viele Reaktionen, die endergon sind. Beispielsweise muss DNA aus Nukleotiden erzeugt werden. Dieser Prozess erfolgt nicht spontan. Wie ist das möglich?

Es gibt hier zwei Möglichkeiten. Im Falle der DNA wird ein exergoner Prozess mit einem endergonen Prozess direkt verbunden. Die DNA-Synthese ist endergon, läuft also nicht spontan ab. Gleichzeitig zerfällt aber ATP exergon zu ADP und Phosphat. Dieser Zerfall ist exergon, also spontan. Die Zelle baut nun Katalysatoren, welche beide Prozesse zusammen ablaufen lassen. In Summe wird dabei die Entropie erhöht und freie Energie vernichtet. Man kann also sagen, dass der endergone Aufbau der DNA angetrieben wird vom exergonen Zerfall von ATP.

Dasselbe Prinzip wird verwendet, um eine sehr hohe Konzentration von Nährstoffen innerhalb der Zelle zu erzeugen, und zwar entgegen dem natürlichen Gradienten. Normalerweise würden keine Glucose-Moleküle in die Zelle wandern. Diesen endergonen Prozess verbindet die Zelle aber mit dem Natrium-Ionen-Einstrom, welcher exergon ist. Warum ist dieser exergon? Weil die Zelle vorher das Natrium entgegen dem Gleichgewicht herausgepumpt hat. Dies war wieder nur möglich, weil dieses endergone Herauspumpen mit dem exergonen Zerfall von ATP verbunden war. Ein Molekül, welches normalerweise auch nicht entsteht, es sei denn, aus dem exergonen Zerfall von Glukose, welches hereingepumpt wird.

Hier sind man, dass nicht nur gelegentlich eine endergone mit einer endergonen Reaktionen verbunden und per Katalysator beschleunigt wird. Es gibt hier eine ganze Kette, ja sogar einen ganzen Kreislauf. Jeder einzelne der Schritte ist aber in Summe exergon und vernichtet dabei freie Energie. Dies ist auch der Grund, warum für das System die Energie von außen zugeführt werden muss, um nicht zum Erliegen zu kommen.

Natürlich sind die gerade besprochenen Pumpen in der Zelle nicht wirksam ohne die Zellmembran, welche einen Raum umschließt. Beide Faktoren zusammen erlauben es aber eine sehr hohe Konzentration von Nährstoffen im Inneren zu erzeugen. Die Zellmembran hat dabei den Auftrag, diese Konzentrationen zu erhalten und den natürlichen Konzentrationsausgleich zu verhindern.

Die zweite Möglichkeit basiert darauf, dass zwei Prozesse hintereinander ablaufen. Der zweite Prozess ist exergon und wandelt das vom ersten Prozess erzeugte Zwischenprodukt in das Endprodukt um. Der erste Prozess ist zwar endergon, aber er hat einen Gleichgewichtspunkt, bei dem sich ein kleiner Teil auf der Produktseite befindet. Da dieses Produkt ständig vom zweiten. Prozess entnommen wird, hat der erste Prozess immer einen Überschuss an Edukten und erzeugt exergon weiter.

Beide Möglichkeiten sorgen dafür, dass auch endergone, also nicht-spontane Prozesse ablaufen können, wenn sie geschickt verschaltet und selektiv durch Katalysatoren beschleunigt werden.

9.2 Das Entstehen von Ordnung in der Organisation

Die Geschwindigkeit von Veränderungen

Viele Prinzipien in Organisationen basieren darauf, die Konzentration zu erhöhen. Das fängt bei der Raumbelegung an, wo Mitarbeitende derselben Abteilung zusammensitzen. Auch agile Prinzipien wie das collocated team oder das Reduzieren des Work-In-Progress bewirken eine Erhöhung der Konzentration. Durch die kurzen Wege erfolgt schnellere Kommunikation und Prozesse werden beschleunigt.

Eine Alternative dazu wäre das Anheben der Betriebstemperatur. Wenn alle etwas hektischer sind und schneller laufen und reden, würde es denselben Effekt haben. Durch den höheren Stress ist alles etwas aggressiver, und es steht genügend Energie zur Verfügung. Allerdings führt diese Energie nicht nur zum Aufbau von Strukturen. Es wird genauso viel zerstört.

Die Energie ist notwendig, sie muss aber auch zielgerichtet sein. Wir wissen bereits, dass wir für diese zielgerichtete Beschleunigung einen Katalysator brauchen.

Katalyse

In Organisationen werden Businessprozesse beschleunigt, wenn die besten Arbeitsbedingungen aus Mensch, Maschine, Material, Methode vorhanden sind. Sie sind der Katalysator. Dieser Katalysator ist auch sehr spezifisch.

Die besten Arbeitsbedingungen sorgen dafür, dass die Wahrscheinlichkeit des Erfolgs beim Durchführen einer Tätigkeit deutlich erhöht wird. Die nötige freie Energie wird gesenkt. Als Folge können viel mehr Mitarbeitende den Prozess auf Anhieb erfolgreich durchführen.

Die besten Arbeitsbedingungen helfen aber nur, wenn die Mitarbeitenden den Prozess auch durchführen wollen, also der Prozess auch sonst spontan ablaufen würde.

Energetische Kopplung

Wir haben bereits bei der Besprechung der energetischen Kopplung in der Zelle gesehen, dass die Katalyse die Voraussetzung für die energetische Kopplung ist. Durch den Katalysator wird ein Reaktionsmechanismus ermöglicht, bei dem die exergone und die endergone Reaktion verbunden werden. Dabei treibt der exergone Anteil die Gesamtreaktion an.

Eine Organisation braucht eine hohe Konzentration von Erfolgsfaktoren, wobei diese Konzentration wegen des Hauptsatzes abnimmt. Wie kann man nun Konzentrationen steigern? Es braucht erstens eine Systemgrenze, welche den Konzentrationsausgleich passiv verhindert. Und es braucht aktive Pumpen, welche die gewünschten Faktoren entgegen dem Gradienten importieren, indem sie diesen Import mit spontan ablaufenden Prozessen verbindet.

Das findet sich auch in Unternehmen. Wenn man neue Mitarbeitende einstellt, erhält man eher den Durchschnitt der Uni-Absolventen. Wie schafft man es aber, die besonders talentierten anzuziehen. Es ist unwahrscheinlich, dass sich alle High Potentials rein zufällig beim eigenen Unternehmen anstellen lassen. Es ist also endergon. Wenn man aber höheres Gehalt, spannendere Aufgaben, mehr Spaß und bessere Zukunftsaussichten in Aussicht stellen kann, ist es für die Bewerber interessant. Der Wunsch, viel Geld für eine schöne Arbeit zu bekommen ist für den Bewerber exergon. Bei der Einstellung wird dies verbunden. Der exergone zieht den endergonen Prozess.

Nun stellt sich die Frage, woher sich die Firma das hohe Gehalt leisten kann. Der Kunde will natürlich nichts zahlen (=endergon), es sei denn er erhält einen hohen Kundennutzen (=exergon), so dass er in Summe einen Vorteil hat.

Den hohen Nutzen erreicht die Organisation einerseits durch den hohen Einsatz der neuen Mitarbeitenden, andererseits durch die möglichst gute Bereitstellung von Wissen und Werkzeugen. Durch die besten Arbeitsbedingungen kann der hohe Output erzeugt werden, ohne die Mitarbeiter zu verschleißen.

Allerdings habe viele Mitarbeiter keine Lust, ihr Wissen aufzuschreiben und weiterzugeben oder schlechte Gewohnheiten abzulegen (alles endergon), weswegen die internen Bewertungssysteme genau darauf ausgelegt sind. Wer eine gute Bewertung und somit Aufstiegschancen haben will (exergon), muss auch das tun, was nicht so viel Spaß macht.

Ein ähnliches Konzept haben alle Unternehmensberatungen. Dabei werden vielfach Katalysatoren bereitgestellt (beste Arbeitsbedingungen), und systematisch endergone Prozesse mit exergonen Prozessen verbunden.

Wie entsteht also Ordnung in einer Organisation? Das Schaffen von Ordnung ist kein spontaner Prozess. Daher muss das Schaffen von Ordnung mit spontanen Prozessen kombiniert werden. Die Antriebskraft dabei ist immer der spontane Prozess.

Auf diesem Prinzip basieren alle Anreizsysteme der Organisation. Unliebsame Tätigkeiten werden nur gemacht, wenn dabei etwas herausspringt.

9.3 Erkenntnisse

Eine **hohe Konzentration** der Erfolgsfaktoren reduziert die Dauer der Bewegungen. Dadurch laufen alle Prozesse schneller ab. Viele Lean-Methoden wie das Vermeiden von Überproduktion mit resultierenden Lagerungen und Transportwegen, aber auch viele agile Methoden versuchen, die Konzentration zu erhöhen. Allerdings muss diese hohe Konzentration geschaffen werden, indem die nicht-spontane Konzentrationserhöhung mit anderen Prozessen verbunden wird. Durch Grenzen muss die Konzentration passiv aufrechterhalten werden.

Auch das **Erhöhen der Betriebs-Temperatur** beschleunigt Prozesse. Dadurch wird aber genauso viel zerstört wie aufgebaut. Alles geht schneller, aber nicht in die richtige Richtung.

Der dritte Weg liegt näher am Prozess selbst. Man kann durch beste Arbeitsbedingungen als **Katalysator** den Bedarf an freier Energie reduzieren. Dadurch werden Prozesse selektiv beschleunigt. Man braucht weniger Betriebstemperatur und zerstört auch weniger.

Die **energetische Kopplung** von Prozessen erlaubt es, auch nicht-spontane Prozesse zu ermöglichen. Dabei verbindet ein Katalysator den nicht-spontanen mit einem spontanen Prozess, so dass beide gleichzeitig ablaufen. Der spontane Prozess treibt dabei den nicht-spontanen an. Die energetische Kopplung kann genutzt werden, um die Konzentration zu erhöhen, oder um Strukturen zu schaffen, die notwendig sind, aber niemals spontan entstehen würden.

Diese Prinzipien sind die abiotische Basis, auf der dann die bionische Organisation aufbauen kann. Die biologischen Prinzipien sind dann allerdings völlig anderer Natur. Doch das ist eher das Thema der Bücher Autopoiesis und Zellkultur.

10 Zusammenfassung

Blicken wir noch einmal auf die letzten Kapitel zurück, um ein Gesamtbild zu bekommen. Unser Ziel war es, die physikalischen und chemischen Grundlagen für ein bionisches Organisationsdesign zu legen. Diese Grundlagen sollen diejenigen Mechanismen erklären, auf denen Lebewesen basieren. Wichtige Begriffe sind dabei die Energie und die Entropie.

Die vielen Übersetzungen und Gedanken liefern nun die Grundlagen für das bionische Verständnis von Organisationen, welche in den Büchern „Autopoiesis" und „Zellkultur" detailliert beschrieben werden.

Sehen wir uns diese Prinzipien etwas genauer an.

Prinzip 1: Organisationen sind träge

Eine Organisation bewegt sich weiter auf ihrem aktuellen Kurs, wenn keine Kräfte auf sie wirken. Um ihre Richtung zu ändern, oder um ihre Bewegung zu beschleunigen oder zu bremsen, muss eine Kraft auf sie einwirken. Je höher die Kraft, desto höher die Veränderung. Große Organisationen bedürfen aber mehr Kraft für dieselbe Veränderung. Sie besitzen mehr Trägheit.

Prinzip 2: Organisationen besitzen Energie

Organisationen besitzen Energie der Bewegung. Diese zeigt sich zum Teil in der Veränderung ihrer Kennzahlen. Ein Teil davon, die innere Energie, ist nicht nach außen sichtbar, und trägt nicht zur Veränderung von Kennzahlen bei. Diese innere Energie ist enthalten in den vielen nicht-wertschöpfenden Tätigkeiten, die nur im Kreis herumführen.

Organisationen, die sich verändern wollen, werden durch Schwierigkeiten gebremst und wandeln dabei die Bewegungsenergie in die innere Energie um. Ein Teil davon kann aber wieder genutzt werden.

Prinzip 3: Die einzige Antriebskraft ist das Ansteigen der Entropie

Organisationen sind komplexe Systeme mit vielen Möglichkeiten, die sich kontinuierlich verändern. Makroskopisch betrachtet nehmen sie immer den wahrscheinlichsten Zustand ein. Die Entropie ist ein Maß für die Anzahl der möglichen Zustände oder der Ambiguität. Diese Entropie steigt ständig an.

Die Antriebskraft der Organisation liegt darin, einen Teil der nicht genutzten inneren Energie zu verwenden, um die Organisation zielgerichtet zu verändern. Dazu muss Energie verschoben werden. Dies ist aber nur möglich, wenn am Ende die Gesamtentropie erhöht wird.

Das Einnehmen des wahrscheinlichsten Zustandes ist die einzige Kraft im Business! Es ist nicht die Energie! Das Ansteigen der Entropie ist die Ursache dafür, dass Energie von einem Ort zum anderen verschoben wird und dadurch nutzbar gemacht werden kann. Die Energie selbst ist nur ein Ausdruck für die enthaltene Bewegung eines an sich trägen Systems.

Die Organisation kann diese Antriebskraft der Entropie geschickt nutzen, indem sie die Wahrscheinlichkeit von Zuständen bewusst beeinflusst.

Prinzip 4: Eine isolierte Organisation strebt ein Gleichgewicht an, in dem sie sich nicht mehr verändern kann. (zweiter Hauptsatz)

Die Organisation nimmt in den Märkten einen bestimmten Raum ein. Im Innenverhältnis hat sie eine gewisse Komplexität, um auf die Außenwelt reagieren zu können. Das Aufrechterhalten der Marktposition und der inneren Flexibilität bindet Energie. Durch sie wird nur der Status Quo aufrechterhalten. Die freie Energie ist nun die übrige Energie. Sie kann für Neues verwendet werden.

Nach dem zweiten Satz der Thermodynamik wird die Entropie ständig erhöht. Dadurch sinkt die freie Energie (Gibbs-Energie) auf null.

Das heißt, Organisationen neigen dazu, sich immer weiter auszudehnen (neue Produkte und Märkte) und die innere Komplexität zu erhöhen, bis es nicht mehr geht, also die freie Energie gleich Null ist. Es steht keine Energie für Neues mehr zur Verfügung. Alle Energie wird für den Erhalt aufgewandt.

Dies ist der Gleichgewichtszustand, indem sich nichts mehr bewegt.

Prinzip 5: Organisationen müssen neue Energie von außen aufnehmen, um sich verändern zu können

Organisationen müssen freie Energie von außen importieren, um sich verändern und weiter wachsen zu können. Diese freie Energie muss also von außen, und somit von den Stakeholdern kommen.

Die freie Energie findet man nicht nur bei Organisationen, sondern auch bei Menschen. Ein Mensch, der bereits rund um die Uhr beschäftigt ist, hat keine freie Energie mehr, um zusätzlich etwas Neues für sich oder andere zu schaffen.

Prinzip 6: Durch energetische Kopplung können nicht-spontane Prozesse zum Laufen gebracht werden.

Das Bewegen der Organisation in die richtige Richtung muss also wahrscheinlicher werden als der Zustand, in dem jeder macht, was er will.

Das Prinzip wird genutzt, indem Bezahlung und Anerkennung mit der Zielerreichung verknüpft sind. Durch diese Kopplung wird das Erzeugen von Ordnung verbunden mit einem stark spontan ablaufenden Prozess: Dem Wunsch nach Geld und Anerkennung.

Durch diese energetische Kopplung laufen auch nicht-spontane Prozesse ab, obwohl sie scheinbar dem Anstieg der Entropie widersprechen.

Prinzip 7: Strukturen müssen stabil, aber veränderbar sein

Organisationen basieren auf selbst-erzeugten Strukturen. Diese müssen durch starke Kräfte zusammengehalten werden, so dass sie stabil bleiben. Dennoch muss es möglich sein, diese wieder zu verändern.

Das Prinzip kann man in der Chemie bei Atomen und Molekülen beobachten. Moleküle müssen stabil sein. Erst bei hohen Energien werden die Strukturen destabilisiert und es erfolgen chemische Reaktionen, welche die Moleküle umwandeln.

Genauso müssen Arbeitsumgebungen in der Organisation verlässlich und stabil sein. Es muss aber auch möglich sein, diese zu verändern.

Prinzip 8: Die Geschwindigkeit von Prozessen hängt von der Betriebstemperatur ab.

Die Geschwindigkeit von Prozessen hängt von der Betriebs-Temperatur ab. In Organisationen ist die Temperatur die mittlere Energie, die pro Ziel aufgewandt wird. Bei zu vielen Zielen verteilt sich die Energie auf zu viele Freiheitsgrade, so dass für ein bestimmtes Ziel zu wenig Energie bereitsteht.

Immer dann, wenn neue Freiheitsgrade hinzukommen, stagniert die Temperatur. Aus diesem Grund stellt man fest, dass eine Organisation trotz erhöhter Mittel nicht mehr Output erzeugt. Das Prinzip erklärt auch den Mythical Man-Month. 10 Personen leisten nicht unbedingt doppelt so viel wie 5 Personen, selbst wenn alle fleißig sind. Ihre Energie geht oft in einer erhöhten Anzahl von inneren Freiheitsgraden verloren.

Prinzip 9: Die Geschwindigkeit von Prozessen hängt von der Konzentration ab.

Die Geschwindigkeit von Prozessen hängt von der Konzentration ab. Hohe Spezialisierung und kurze Wege sorgen für hohe Produktivität.

Prinzip 10: Die Geschwindigkeit von Prozessen kann durch Katalysatoren erhöht werden.

Beste Arbeitsbedingungen verändern den Ablauf eines Prozesses derart, dass weniger freie Energie der Mitarbeiter benötigt wird. Der Prozess ist damit einfacher und kann mit wesentlich weniger Energie von wesentlich mehr Mitarbeitern durchgeführt werden. In Folge gibt es kürzere Wartezeiten.

Dies folgt unmittelbar aus der Maxwell-Boltzmann-Verteilung, welche -auf Organisationen übersetzt- besagt, dass hohe Energiewerte nur bei wenigen Mitarbeitern zu finden sind. Durch das Absenken der benötigten freien Energie erhöht sich Anzahl der möglichen Kandidaten deutlich.

Fazit:

Die Betrachtung von Organisationen aus der Brille der Physik und Chemie ergibt einen neuen Blickwinkel. Es zeigt die abiotischen Grundlagen einer bionischen Organisation.

Ich hoffe, das Buch hat Ihnen einige neue Inspirationen geben können. Wenn es Ihnen gefallen hat, würde ich mich sehr über eine Weiterempfehlung, eine Rezension oder Ihr direktes Feedback an mich freuen.

Live long and prosper,

Clemens Dachs

11 Literaturverzeichnis

Alberts, B., Johnson, A., Lewis, J., Raff, M., David, M., Roberts, K., & Walter, P. (2015). *Molecularbiology of the cell, 6thEdition*. Abingdon: Garland Science.

Atkins, P. (2017). *Four Laws of the Universe*. Oxford University Press.

Atkins, P., Paula, J. d., & Keeler, J. (2018). *Physical Chemistry*. Oxford: Oxford University Press.

Bartelmann, M., Feuerbacher, B., Krüger, T., Lüst, D., Rebhan, A. K., & Wipf, A. (2018). *Theoretische Physik 1*. Berlin, Heidelberg: Springer Spektrum.

Dachs, C. (2021). *Viable Project Business*. Heidelberg: Springer.

Dachs, C. (2022). *Autopoiesis*. Norderstedt: Book on Demand.

Dachs, C., & Hornung, M. (2021). *Zellkultur*. Vachendorf: Nova MD .

Frahm, M., & Roll, C. (1022). *Designing Intelligent Construction Projects*. Wiley-Blackwell.

Lambertz, M. (2021). *Die intelligente Organisation*. Business Village.

Nolting, W. (2018). *Grundkurs Theoretische Physik 1 - Klassische Mechanik und mathematische Vorbereitungen*. Berlin, Heidelberg: Springer Spektrum.

Schiller, F., & Heider, M. (2021). *SCRUM Master Kompagnon*. dpunkt Verlag.

Sisney, L. (2012). *Organizational Physics*. Lula.

Willkomm, D. (2021). *Roadmap durch die VUCA-Welt*. UVK Verlag.